U0935256

历史翻过去

罗哲郁 著

吉林出版集团有限责任公司

出 品 人：周殿富
总 策 划：崔文辉
策划编辑：李少辉
责任编辑：周海莉
封面设计：华诺书装
版式设计：马宇飞

图书在版编目(CIP)数据

历史翻不过去／罗哲郁著. —长春：吉林出版集团有限责任公司，2009.8

ISBN 978-7-5463-0748-0

I. 历… Ⅱ.罗… Ⅲ.①中国－古代史－清后期②中国－近代史－民国 Ⅳ.K252.07 K258.07

中国版本图书馆CIP数据核字(2009)第142719号

书　　名：历史翻不过去
著　　者：罗哲郁
出　　版：吉林出版集团有限责任公司
地　　址：长春市人民大街4646号(130021)
印　　刷：北京市业和印务有限公司
开　　本：710mm×1092mm 1/16
印　　张：13.5
版　　次：2009年8月第1版
印　　次：2009年8月第1次印刷
发　　行：吉林出版集团有限责任公司北京分公司
地　　址：北京市宣武区椿树园15-18栋底商A222号(100052)
电　　话：010-63106240(发行部)
书　　号：ISBN 978-7-5463-0748-0
定　　价：26.80元

为了忘却的纪念（代序）

李少辉

历史像一位孤独的老人，寂寞地守望着岁月的变迁。虽说当年中华大地上的滚滚硝烟化作了今天的静默无言，虽说当年无数流血的先辈尸骸已经沉归大地，但是回望历史，我们依然感慨万千。一百多年沉重而痛苦的记忆，留给后人太多的忧伤、悲愤和思索，那书写历史的纸张，还有那曾经流血的国土，无不沾满了中华儿女未干的血泪。作为中华儿女的后人，我们不应该、不可能更不可以忘记……

中国是一个有着五千年文明史的国家，有着令世界吃惊、令华夏子孙骄傲的伟大发明与创造，曾经一度成为世界的中心。可是一百多年前，当新世纪的曙光乍现于这颗美丽的星球时，中国却带着伤痛和满含屈辱的眼泪走向了20世纪。鸦片战争之火燃起，像一颗炸弹炸开了强盗通往中国的大门，中法战争、中日甲午战争、八国联军侵华、日本全面侵华等强加给中国的灾难接踵而至。从旅顺大屠杀到南京大屠杀；从鸦片走私、掠卖华工到火烧圆明园；从“华人与狗不得入内”到“东亚病夫”，中国遭受了五千年发展史上前所未有的耻辱。正义与邪恶的较量、文明与野蛮的碰撞、和平与暴力的对抗，一时定格在了中华大地上，一再告诉每一位华夏子孙：勿忘国耻，振兴中华。

17世纪末到18世纪，西方国家相继进入了资本主义社会，工业革命的划时代举措使西方国家的科学技术进行了质的飞跃。然而，中国却依然闭关锁国，停留在腐朽落后的封建社会。统治阶层的腐败无能，社会制度的僵化给中国的发展带来了重重阻力。落后就要挨打！当西方列强瞄准东方这个庞大的封建帝国的软肋之后，毅然将侵略的魔爪伸向了中国，给中华民族制造了一连串空前的大浩劫。

19 世纪，英国以当时世界上最强大的帝国身份，向全球大肆扩张，对贫穷落后的国家挥舞着它沾满血腥的长鞭。1840 年 6 月，英帝国悍然将枪口对准了中国，发动了第一次鸦片战争。面对帝国主义的坚船利炮，腐败的清政府一筹莫展，只好苟且偷生，在洋枪洋炮的淫威之下，签订了丧权辱国的《南京条约》。紧接着法国来了，德国来了，俄国来了，美国来了，连同日本也来了。诸多列强蜂拥而入，趁火打劫，妄图将中国这块庞大的蛋糕切割得四分五裂。于是，他们又对中国发动了一系列的侵略战。中华大地上顿时狼烟四起，血流成河。《北京条约》签订了，《天津条约》签订了，《辛丑条约》签订了……每一份条约就像一把锋利的刺刀，刺向了中国的心脏，使神州大地呜咽，江河恸哭；每一条条约定就像一座座大山压在中国人民的背上，使每一位华夏儿女喘不过气来。我们的无数先辈们在枪炮、刺刀面前倒下，圆明园被付之一炬，大量的金银财宝、文物古画也被抢劫一空，香港、澳门、台湾、外兴安岭等大片土地一夜之间都插上了帝国主义的旗帜。从此，屡遭列强蹂躏的中华民族彻底沦为半封建半殖民统治的最黑暗时代。

尤其令华夏子孙难以忘记的是日本侵华战争。1931 年 9 月 18 日，日本帝国主义在我国的东北制造了“九·一八事变”，占领了中国东北三省。1937 年 7 月 7 日，野心膨胀的日本帝国主义又制造了“卢沟桥事变”，发动了全面侵华战争。从“九·一八事变”到 1945 年日本

战败投降，14 年的时间，对中国人民来说好似 14 个世纪那么漫长。日本侵略者所到之处，烧杀掳掠，无恶不作，中国的大片国土瞬间变成了人间地狱。他们向手无寸铁的平民百姓施放毒气、细菌，在中国的许多地方实行“三光政策”，制造无人区……一笔笔带泪的含血的历史怎么能让子孙们忘记？

“苟利国家生死以，岂因祸福避趋之”。中华民族具有光荣的革命传统。自从帝国主义的铁蹄踏上中国的那一刻起，中国人民就没有放弃过反抗。鸦片战争时期的林则徐，反侵略斗争的关天培、葛云飞、陈化成、冯子材、邓世昌等，他们都一再地向侵略者发出一个个严重警告：中国人民是不会屈服的，中国人民爱好和平，但不畏惧战争，尤其不畏惧侵略者强加给中国人民的战争，任何要想灭亡中国的人，都是痴心妄想！

在中华民族抗争的一百多年里曾涌现出无数的英雄，尤其他们留存的“敬业乐群，公而忘私”的奉献精神，“天下兴亡，匹夫有责”的爱国情操，“先天下之忧而忧，后天下之乐而乐”的崇高志向，“自强不息，艰苦奋斗”的昂扬锐气，“富贵不能淫，贫贱不能移，威武不能屈”的浩然正气，“鞠躬尽瘁，死而后已”的为政风范，“厚道之行，天下为公”的社会理想，注定要成为我们中华民族的宝贵财富。他们的名字也必将为后人永远铭记。

《历史翻不过去》就是这样一本叙述中国百年沧桑巨变的书。拿到这本书，我深深感觉到它的厚重，当罗哲郁嘱我为其作序时，我几次无从下手。因为每次捧读中国的近代史，我的心都在禁不住颤抖，我记述的笔也常常会在沉默中哭泣。从晚清的政局、人物风云说起，每一件事，每一个人都是一部沉重的史书。慈禧是一个传奇式的人物，李鸿章也是。在整个晚清时代，他俩是最受人非议的人物，而相对他俩来说，光绪帝、曾国藩、林则徐，以及义和团、太平天国等所有人物和事件都是难以被整个中国近代史所忽略的，可以说历史之所以翻不过去，就是因为有他们的存在，他们演绎、自觉与不自觉地书写的历史才使整个中国近代史风云不断。历史是不能忘记的，连同创造历史的每一个人。

“为了忘却的纪念”，所以有了这本《历史翻不过去》，但记住历史不仅仅是为了记住，在无聊时拿出来晒晒太阳，不忘记是为了不重蹈覆辙，是为了要更好地面对未来。对历史一知半解，或者对历史纯粹的无知，注定人生一片黯淡，更无法达到生命的深度。

现在，《历史翻不过去》即将付梓出版，无论是编辑，还是作者，都希望读者能从中掘取到于自己有益的东西。纵然一本书不能尽天下之完美，不能集四方之精华，但若是读者喜欢，这便是本书的价值所在，也足以宽慰作者，从而使其创作出更多，更优秀的作品，以飨读者！

就此止笔，是为序！

目　录

历史翻不过去

历史翻不过去

历史翻不过去

曾国藩征讨太平天国
——封建王朝下的大儒人生

展开历史的画卷，定格曾国藩的一生。他成帝王之业，修己之德，既有忠君爱民之心，也有成全一己之德的私心；有诚实守信的一面，也有虚伪奸诈的一面；既有扼断长江占山为王的赳赳豪气、霸气和匪气，也有文人腐儒特有的怯懦、自卑和心虚；他既可以把道德文章作得冠冕堂皇让人心悦诚服地奉为圭臬，又可以翻覆云雨杀人不眨眼。历史的局限、时代的局限、社会的局限，成为曾国藩人性的枷锁。

洪秀全和太平天国的对立面，名义上是清朝皇帝，实际上是当时的湘军统帅曾国藩。二者一个是有着争议的中国农民起义，一个是有着争议的晚清重臣。可以说，说曾国藩时肯定离不开太平天国，说太平天国时也肯定离不开曾国藩。如果历史可以假设，假如没有太平天国，那么曾国藩或许也只能平淡一生，做一个默默无闻的书生；相反，如果没有曾国藩，太平天国或许也会多存在很多年。这二者的关系演绎了一段中国历史上极为精彩的神话。

在我们所受的教育里，一直对农民起义有着特殊的感情。或许同情弱者的心理是大部分人共同的心理，所以在历史上有众多农民起义，被我们一读再读，并对其大加褒扬。无论其成功还是失败，总能博得后人的理解。然而事实上不是每一次的农民起义都是对的。

曾国藩确实是有史以来最有争议的人物，拥之者称之为“中兴名臣”，恨之者骂之“千古民贼”。拥者认为其能独立时代潮流，把握风云际会，并汲取中国传统文化的精华，继承和发扬林则徐、魏源的经世致用之学，大力倡导学习西方，开展自强新生政治运动；而恨者认为他残酷镇压太平天国起义，用刑苛酷。甚至有人责其杀人过多，称呼曾国藩为“曾剃头”、“曾屠户”。在众说纷纭的背后，则完全是对历史肤浅的认知，或者说是对历史的一种无知。对历史的研究，只有深入研究中国深厚的历史底蕴和社会历史大背景，才能得出客观公正的结论。

曾国藩是不幸的，但又是幸运的。不幸的是他成长在清王朝没落的年代，清王朝气数已尽，说他幸运则是因为就在这种乱世背景下才构成了他成就英雄的先决条件。然而，曾国藩还是为众多后人不齿。人们普遍认为，他镇压的是国内农民起义，而不是外来之敌；他扶保的是腐败透顶的清王朝，而当时的清王朝却是一个实实在在的“扶不起的阿斗”。

曾国藩的背景并不是很辉煌。1811 年，他出生于湖南湘乡（长沙府）的一个地主家庭，6 岁入私塾，16 岁外出就学于湘乡涟滨书院和长沙岳麓书院。他和其他封建书生一样，勤奋苦读，希望通过读书考取功名，以此光宗耀祖。他 23 岁在湖南乡试中举后前往北京参加会试，两次均以失败告终。1838 年方才中进士，之后入翰林院直至任礼部右侍郎。

曾国藩进京考取进士之间，苦读古文，圈阅二十三史，并多次拜高官大儒为师，精研孔孟之道与程朱理学。太平天国起义后，曾国藩以丁忧在籍的身份奉命兴办团练乡勇，开始了镇压太平军的戎马生涯。为了使自己的出兵名正言顺，曾国藩亲自撰写和颁布“讨逆”檄文，斥责太平天国以耶稣新约取代孔子之经，大逆不道，使之具有护国、护法与护教的正义性和合理性。

所以，曾国藩与太平天国的对抗，实质上是中西文化的对抗。在几千年的封建王朝历史下，中国农民阶层本身具有一定的局限性，尤其在文化上他们并不具备先进性。每次的起义，即使是成功了也没有给社会带来什么实质上的进步，而不过是简单的朝代更换，封建王朝的更迭。但是每一个朝代都有一种根深蒂固的思想给社会带来稳定，都有一种文化能够为社会的繁荣发展带来指导。如在战国时期，诸侯争霸，齐桓公靠的是管仲的法家思想，秦靠的是商鞅变法以及以韩非子为代表的法家的法制思想。秦之所以成为虎狼之国，法家文化功不可没。之后，两汉王朝又靠黄老学说成就了经济的发达和文化的辉煌。但是在中国的漫长封建历史上，道教思想、儒家文化一直是中心，一直霸占了整个中国的历史舞台。而中国的文人就一直是思想和文化的捍卫者。

然而，到清朝末期，以洪秀全为代表的太平天国却大肆宣扬神权、拜上帝教，这种西式宗教正是曾国藩难以接受的。所以，曾国藩的出现是对中国传统文化的维护。曾国藩是一个道学家，他在“讨逆”檄文中，指斥太平天国以耶稣新约之说取代孔子之经，“举中国数千年礼义人伦、诗书典则，一旦扫地荡尽。此岂独我大清之变，乃开辟以来名教之奇变，我孔子孟子之所痛哭于九泉”，从这些话中，可以看出，曾国藩之所以对太平军那样血腥镇压，就是对太平军宣扬上帝的做法感到痛心。于是他把捍卫中国文化和“国脉”的“道统”联系起来，以中国固有的文化思想为指导，以湘军为武装力量，给了太平军沉重的打击。

（被捕的太平军）

既然对方已经不齿于中国的传统思想文化，而且决心要将其颠覆，那么，战争中和战争结束时，曾国藩及其湘军对被俘的太平军将士也就没讲什么客气，一律“剜目凌迟”，不讲任何儒家的“仁义”和“仁者爱人”。从表面上看这似乎很矛盾，很多读者认为曾国藩“饱读圣贤书，崇奉孔孟之道，标榜仁义敦厚，倡导礼仪教化”，属于真正的封建大儒，或仁者，可又杀人如麻，所以曾国藩的行为似乎体现其具有双重人格。而实质上不是这样，曾国藩的大儒仁者形象与杀人喋血的“曾剃头”形象，不是其性格的两重性，而是滋养曾国藩的儒家文化、中国文化的两

重性，是儒家文化的二元结构决定的，并因此成为文化和国情的应有之义。在封建王朝里，任何一种政治都没有人权可言，都饱蘸着鲜血。任何政权的维护都要靠鲜血来祭奠。

曾国藩对太平天国起义的镇压，笔者不敢说他促进了社会的进步，但最起码他保护了中国经典。独一无二的思想文化不受侵害，不至于受到西方迷信色彩极为浓厚的“上帝”思想的侵蚀。所以，曾国藩的道德、文章、历史功绩，都是可以名留青史，千古留名的。梁启超对曾国藩有这样的评价：“曾文正者，岂惟近代，盖有史以来不一二睹之大人也已；岂惟我国，抑全世界不一二睹之大人也已。”如此之高的评价出自梁启超之口，显得难能可贵，也反映出曾国藩的功绩是值得后人铭记的。

太平天国运动悲凉谢幕了，作为剿灭起义的功臣，曾国藩也得到了重赏。曾国藩被清廷封为一等毅勇侯，加太子太傅，赏双眼花翎。那么，接下来这位英雄该做什么呢？居功自傲，横行朝野，还是急流勇退，见好就收？

接下来曾国藩的举动，让很多人大吃一惊。一是战争结刚刚结束，曾国藩便上书朝廷，大力裁减湘军。二是擅自做主，未经弟弟曾国荃同意，便以曾国荃有病为由，奏请朝廷不要安排曾国荃担任浙江巡抚，让他回老家养病。这时候，曾国藩的政治才能已经开始凸显了，他不仅是一个将才、帅才，更是一个深知为官之道的政治家，做人做事之谋不得不令人佩服之至。

对于大清王朝的实际统治者——慈禧来说，曾国藩的这一系列举动，正合她的口味。这个将权力看得高于一切的女人此时正担心杀人如麻的曾国藩会不会把刀架到自己的脖子上，没想到曾国藩自己先示弱了。而曾国藩作为一个熟知历史、熟读经书的封建臣子，他深知拥兵自重的危险性。他的为人处世之道之所以为后人着迷，也就是因为他这些性格中的诸多亮点，能给人带来现实的实际意义。

其实，就在湘军攻陷天京的时候，曾国荃及其部下将领就准备拥立曾国藩为帝。曾国荃对曾国藩说：两江总督是你，闽浙总督是左宗棠，四川总督是罗炳常，江苏总督是李鸿章，还有三个现任总督、五个现任巡抚全是湘军之人，而且你手里还握有二十多万湘军精兵，个个都赤胆忠诚，能打能战。如果需要，可把现在被捕的李秀成说动，让他振臂一挥再收纳十万太平天国降兵跟随你造反。这样，即可攻破京师，恢复汉家江山，成为一代帝王。

但这时曾国藩的头脑是清醒的，他并没有被胜利迷惑。他心里非常清楚，虽然自己在镇压太平天国的战争中羽翼丰满，足可拥兵自立，但当皇帝他却没有完全的把握，而且更没有这个想法。

从曾国藩自身来分析，主要有以下几个方面：

第一，曾国藩有造反之心，没有造反之胆。曾国藩非常清楚，虽然湘军势力很大，但众多将士把权力看得过重，称帝之事并非能打几仗就能办到，需要有多方面的因素相辅相成。曾国荃攻下南京之后，他的很多下属都委婉地表达了拥曾国藩为帝的想法，抱怨朝廷对湘军奖励不公。此时曾国藩害怕自己步太平军的后尘，到头来的弄得自己内部为了权力自相残杀。

因此，对于部下的提议，曾国藩不动声色，亲笔写下了一副对联：“倚天照海花无数，流水高山心自知。”明确表达了自己的思想，那就是

他下定决心不会称帝。从曾国藩斩杀太平天国忠王李秀成的这个细节，更显示出他没有称帝的想法。

（曾国藩）

李秀成被俘后，在监狱里写了《忠王李秀成自述》，向曾国藩表示自己愿意投降。李秀成是什么人，他为什么要投降呢？这虽然是个谜，但是笔者认为，李秀成投降不是为了捡回一条命，也不是为了所谓的荣华富贵。因为他在领兵打仗的时候，都置生死于不顾，甚至在天京被围时，还将自己最好的马留给了幼王，可见他并不怕死。他之所以投降，是希望曾国藩能自立为王，起兵反清，也因他的这个想法害得自己过早失掉了性命。曾家后人中流传这么一句话："李秀成劝文正公做皇帝，文正公不敢。"

李秀成的自述稿，原稿字数约有五六万字，但后来留世的只有三万三千三百余字，其他的都被曾国藩撕毁，笔者认为其中必定有不可告人的秘密。曾国藩不想造反，但又怕引起朝廷的猜忌，为自己引来杀身之祸，因此才设法删改了原稿内容，并在朝廷没有下旨的情况下擅自处死了李秀成。也就是说，曾国藩有这个造反的心，但没有这个胆。

第二，封建伦理制约曾国藩拥兵自立。在封建王朝，叛君之士，逆国之党都是正统人士，黎民百姓极为痛恨的。曾国藩起兵以保卫明教和忠君保国相号召，一旦称帝，实属不忠不义，大逆不道，人心必失，必然遭到四方的反对，人人诛之，使他身败名裂。曾国藩深受中国传统儒家思想的浸染，不会不明白这个道理。在京参加朝考进入庶常馆学习后，“日以读书为业”。他博览群书，涉猎中国历史大量文献，勤于求教，不耻下问，满腹经纶。尤其是曾国藩深受晚清理学大师唐鉴的影响，起兵的目标非常明确：保卫清廷，保护封建地主阶级的利益。其个人追求就是做一个本分的中兴之臣，封侯拜相，光宗耀祖。在政治上他也有自己鲜明的主张，那就是：若要统治者“内贤外王”，就要自如地运用儒法思想治理天下。

第三，不具备称帝条件。曾国藩清楚地知道周围的形势，湘军只是攻打太平军的一个先锋，而且朝廷对他的军队有所顾忌，是不可能不闻不问的。当时驻守在南京以及长江中下游的很多部队和曾国藩的湘军毫无关联，他们可以说是来支援湘军的，也可以说是来防备湘军的。另外，南有曾国藩，北有僧格林沁，这两人被清王朝倚为肱股之臣。当时科尔沁亲王僧格林沁最受器重，拥有一支以强大的骑兵为主的庞大队伍，不同于八旗兵，战斗力极强，而且部署在中原河南腹地，虎视东南，也使曾国藩不敢轻举妄动。

第四，铲除太平军之后，湘军内部严重分裂，即使称帝也不一定能成功。就湘军内部的名分来言，李鸿章的部队被称为淮军，左宗棠领导的部队被称为楚军，湘、淮、楚虽有联系，但内部已经严重分裂，各为其主，各有权力纷争，而且西方列强众多势力明摆着是要扶持清政府。这些因素，曾国藩不会考虑不到。

摆在曾国藩面前的，只有两条路，一是“进”——拥兵造反，推翻

清王朝，自己当皇帝；另外就是“退”——自剪羽毛，除去清王朝的怀疑，以求自保。既然没有拥兵自立这一说，曾国感只能“退避三舍”，这也才有了削减湘军的行动，以这样的姿态，消除朝廷对于自己拥兵自重的怀疑。

曾国藩采取的策略，连保存实力的意图也没有。以他的本意，原想将湘军全部裁撤，后经人劝谏提醒，才保留了约两万嫡系精英。一则北方捻军正盛，湘军还有可用之处；二则只有以实力作后盾，才能真正保住自己的既得利益不受侵犯、身家性命免遭伤害。

1872年元旦后的第二天，曾国藩的生命画上了句号，终年62岁。他沉重而劳累的一生终于谢幕了。大江浩荡，巨浪淘沙，淹没了在长江上厮杀驰骋了半辈子的一代英雄。

曾国藩走了，后人却从未忘记过他，有关他的历史，一直激烈争论到了今天。百年以来对曾国藩褒扬者有之，斥骂者也不乏其人。民国年间，清史学家萧一山在其《清代通史》中将曾国藩与左宗棠作了一番对比：“国藩以谨慎胜，宗棠以豪迈胜。”笔者认为恰如其分。

民国之后有两位重要历史人物毛泽东和蒋介石也对曾国藩作过一番评价。年轻时期的毛泽东曾悉心研究过曾国藩，之后得出“愚于近人，独服曾文正”的结论。在新中国成立后，毛泽东一再认为，曾国藩是地主阶级最厉害的人物。而另一位重要人物蒋介石更是对曾国藩顶礼膜拜，把《曾胡治兵语录》当作教导高级将领的教科书，又将《曾文正公全集》常置自己案旁，终生拜读不辍。这些足以见得曾国藩的魅力所在。具体地说，曾国藩之所以成为影响力不衰的人物主要有以下几个方面。

第一，曾国藩是中国近代现代化建设的开拓者之一。曾国藩将现代化建设理论付诸了实践，许多的第一次都是在他的指导下完成的。如中国第一艘轮船的建造；第一所兵工学堂的建立；第一次西方书籍的翻译印刷；第一次派人赴洋留学。他为中国的现代工业建设，现代文化、教育、科技等，都做出了不朽的贡献。他还为国家培养了大批栋梁之材，如民国第一任总理唐绍仪，中国“铁路之父”詹天佑、清华大学第一任校长唐国安等。

第二，曾国藩开中国思想政治工作之先河。曾国藩自称“训练之才，非战阵之才”，他教导士兵“说法点顽石之头，苦口滴杜鹃之血”。他把儒家思想和儒家精神贯穿于他的整个部队，用这些思想和精神武装队伍的头脑，使他领导的湘军成为一支有主义的部队，开辟了中国思想政治工作的先河。毛泽东的《三大纪律，八项注意》、蒋介石的《爱民歌》无不以此为蓝本，收效甚大。

第三，曾国藩是中国历史上修身齐家的第一完人。中国传统文化历史中有“三不朽”之说，也就是说有三种宝贵的东西能够流传于后世。一是立功，即立大业，成大志；二是立德，即成为世人的精神楷模；三是立言，即为后人留下著名学说。凡此三者皆有之人少之又少，而曾国藩则三者皆占。他效忠于大清王朝，为大清王朝出生入死，尤其镇压太平天国，挽救了大清败局；他克己唯严，崇尚气节，标榜道德，身体力行，获得上下一致的拥戴；他的学问和文章兼收并蓄，博大精深，堪称近代儒家宗师不朽之作，为后世常读不衰的经典之作。他实现了儒家修身、齐家、治国、平天下；立功、立德、立言的“三不朽”事业，是中国近代一代伟人。

第四，曾国藩是官场楷模，为后人积极效仿。后人常说：“从政要

学曾国藩，经商要学胡雪岩。”曾国藩从清末以来，一直为官场人士称道，其为官之道被后来的政界人士奉为神话。曾国藩在三十七岁时官至二品，而且口碑极佳，民无怨声，这在清朝历史上前所未有。最重要的是曾国藩在官位显赫时也能稳坐钓鱼台，处高位而不惊，历尽宦海风波而安然无恙，荣宠不衰。他的一整套官场绝学，在中国官场上，攻无不克，战无不胜。

第五，曾国藩是中国近代持家教子的最大成功者，开创了最早的西方育子文明。在曾国藩的家族里，出现了像曾纪泽、曾广均、曾约农、曾宝荪、曾宪植、曾昭抡等一批著名的外交家、诗人、教育家、科学家和高级干部。而在中国大多数官宦之家，盛不过三代的社会现实下，这越是显得难能可贵。在曾国藩的众多著作中，包括书信中，都包含着其博大精深的教子文化和亲人之间的相处哲学，使子孙不依托祖荫，不借先辈之名，坐享其成，而是一步一个脚印地通过自我实现理想，开创了西方教子式的文明。

展开历史的画卷，定格曾国藩的一生。他成帝王之业，修己之德，既有忠君爱民之心，也有成全一己之德的私心；有诚实守信的一面，也有虚伪奸诈的一面；既有扼断长江占山为王的赳赳豪气、霸气和匪气，也有文人腐儒特有的怯懦、自卑和心虚；他既可以把道德文章作得冠冕堂皇让人心悦诚服地奉为圭臬，又可以翻覆云雨杀人不眨眼。历史的局限、时代的局限、社会的局限，成为曾国藩人性的枷锁。

梦碎金陵——假如历史可以假设

以洪秀全等人为原型，假如没发生所谓的天京事变；假如天国的东南西北各王能够融洽相处、心有灵犀；假如他们的军事策略和行动都是正确的，最后它推翻了清王朝的统治，夺取了政权，建立了真正的太平天国，那时候，它能够像当年承诺的那样，实现“有田同耕，有饭同食，有衣同穿，有钱同使，无处不均匀，无人不饱暖”的社会吗？它如何抵制外来侵略，如何管理国家，如何让中国走向独立、富强与现代化？

1851 年，当身在德意志的马克思得知古老的东方王国——大清王朝内部发生了暴乱时，他再也抑制不住内心的兴奋，积极表达了他的欣喜之情，他说：“（中国这个）世界上最古老最稳固的帝国，8 年来在英国资产者大批印花布的影响下，已经处于社会变革的前夕，而这次变革，必将给这个国家的文明带来极其重要的成果。如果我们欧洲的反动分子在不久的将来逃奔亚洲，最后到达万里长城，到达（这个）最反动最保守的堡垒的大门，那么他们说不定就会看见这样的字样：中华共和

国——自由、平等、博爱。”

作为无产阶级的代言人，马克思将毕生的精力都投入在了无产阶级的进步上，那一年当他听到世界上最大最古老的帝国发生了无产阶级革命的时候，他的兴奋即使在今天，我们也能体会到。正如中国建立了社会主义之后，很多人同样也说，中国建立了社会主义，大大加强了社会主义的阵营，毕竟中国的人口数量在世界上绝无仅有。这也难怪让马克思兴奋不已。

现在，我们不得不承认，那时候的马克思错了，他预言的失败就在于他对中国，尤其是中国的历史和当时的中国现实缺乏了解，对洪秀全，及其所领导的农民运动缺乏客观的认识，以至于出现了他生命中难得的误判。

12 年后，马克思在他的《中国纪事》一文中写道：“（太平天国）除了改朝换代以外，他们没有给自己提出任何任务，他们没有任何进步的口号，他们给予民众的惊惶比给予旧统治者们的惊惶更多。他们的全部使命，好像仅仅是用丑恶的破坏来与帝国的腐朽对立，这种破坏没有一点想要重建的苗头……太平军就是中国人幻想中描绘的那个魔鬼的化身。但是，只有在中国才有这类魔鬼。这类魔鬼是停滞的社会生活的产物！”

从兴奋异常转变为无比痛恨，这也体现了马克思对古老的中国那群正在长大的黑暗势力具有敏锐的洞察力。而马克思的前后反应，也从另一个方面说明，太平天国运动和晚清王朝一样具有反动的本质。

从金田起义到太平天国的建立，太平天国与西方列强的关系都是非常模糊的。我们都知道，太平天国之初，洪秀全是利用“拜上帝教”展开运动的，而这个上帝就是西方的基督耶稣。因此对于西方列强，洪秀全一直希望能借助他们的力量来满足自己的反清需要，直到李秀成攻打上海受挫时，太平军才与“洋人”结下恩怨，这才掀起了反帝的浪潮，将反清与反列强糅合在一起。

1858 年，英国的一艘军舰经过南京的时候，守城的士兵因为对列强的入侵深感愤怒，因而在没有得到命令的情况下，炮击英国军舰。恼羞成怒的英舰指挥官下令反击，并向洪秀全发了抗议信，于是洪秀全把向英军开火的军士斩首，并派人向英军道歉，同时请求英国给予其力所能及的帮助，一举推翻大清王朝。就此事而论，洪秀全是十足的卖国贼，为了私利不惜引狼入室。

在此事之后，洪秀全一直都重视和西方列强的关系。虽然他身居“深宫”，但凡是列强有求于他，他通常都会办的有条不紊，甚至连列强舰船加煤加水这样的琐事都会亲自过问。

因此，说太平天国是反帝的运动没有意义，也非常滑稽可笑。其后来的反帝也只能说是为了自保，为了自身发展的安全保障所需，反帝也是一种生存的所需，而不能给他扣上爱国爱民的帽子。

那么，作为农民运动的代表，洪秀全领导的农民运动是不是反封建？如果单从他反清的行为来看，是一种反封建行为，但要从他反清朝的目的来看，却充满了欺世的谎言。大量的事实说明，太平天国运动反清不反封建，他不过是一次更换朝代的农民武装起义，并没有进步的意义。

太平天国在早期可以说是一次正义的运动，随着其队伍的壮大，胜利的捷报如雪片般飞到洪秀全的手中。这时的洪秀全才逐渐露出了狐狸

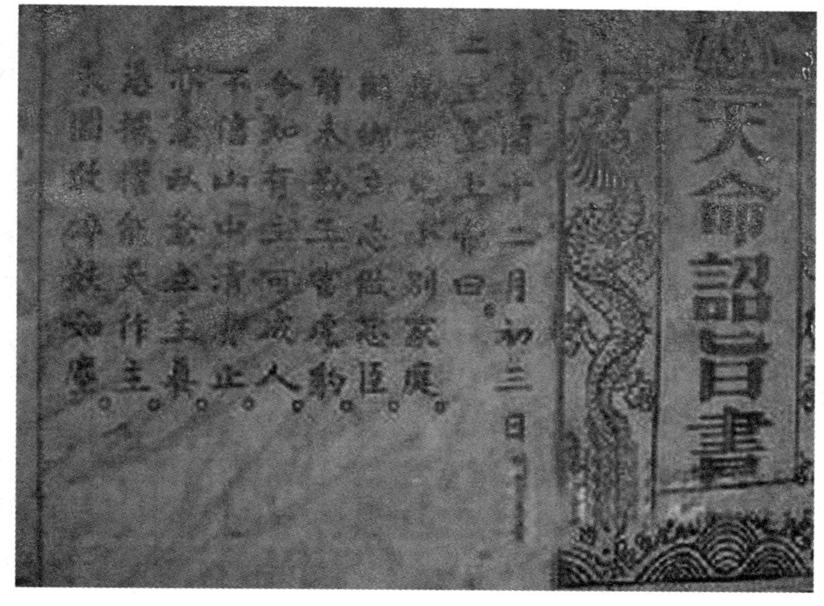

（太平天国诏书）

尾巴，其天国内部骄奢淫逸的现象也日渐显现。比如一个天国普通将领可以娶几个、十几个老婆，而当时大清王朝的皇帝咸丰有名号的嫔妃也才不过十几个。而洪秀全更可怕，当建都南京时，仅仅“嫔妃”就有近百个，加上后宫供他纵欲玩乐的女性据说有数千之众。相比封建帝王，这位道貌岸然的洪天王恐怕更腐败，更封建。

再说太平天国运动本身。根据史料记载，太平天国早期领导人有200多位，出身能得以查证的仅有50多位，而其余绝大部分都是各会党成员、盗贼、地主、塾师、各类商贩、戏子。这些人里面有很大一部分又是一直不满满族主宰中国命运的封建残余分子和反清复明残渣，真正农民出身的只有14人，所以说它是“农民革命战争”完全是信口雌黄。

最与其运动性质相悖的是当天国的官员犯法之后，他们的惩罚措施竟然是将犯法官员贬为农民——也就是说在他们眼里，农民阶级最被人看不起的阶级。由此可见，所谓天朝的“有田同耕，有饭同食，有衣同穿，有钱同使”的政治纲领也只不过是洪秀全等人欺骗民众的小把戏而已。

那么，太平天国唯一可取之处是什么呢？梁启超认为：清朝道光帝以后，官场、社会越来越黑暗和腐败，同时列强的入侵给苦难的中国带来了灾难！而统治者仍然苟且偷安。于是，洪秀全、杨秀清、李秀成等，进行了反抗斗争；同时也让曾国藩、左宗棠、李鸿章等走上了历史的舞台。

也就是说，因为太平天国运动的冲击，使得腐朽、没落的清王朝加速走向衰落，而一些有能力的王公大臣因为清王朝的衰落才有了表现的机会。我想，曾国藩为什么能左右中国的政局呢？后来的袁世凯和孙中山为什么能以不同的身份和命运影响中国呢？这应该感谢洪秀全。

从洪秀全自身来看，当他创立拜上帝教，决心反清时，已经在自己心里打了一个大大的死结，这颗结就是封建帝王之结。也许洪秀全他自己也在想，自己多年寒窗苦读，为什么就不能像其他人一样登天子堂，过把官瘾；为什么其他人能够功成名就、吃香的喝辣的，而他洪秀全却不能呢？这样一种近乎变态的心理使他决定铤而走险，也为他的失败埋下了伏笔。

从 1828 年开始，和所有旧时代的读书人一样，16 岁的洪秀全就开始应试。他一样梦想那种“朝为田舍郎，暮登天子堂”的生活，因为他

仅仅是一位普通的封建书生，考取功名，光宗耀祖是亘古不变的封建书生情结，但经过十五年的寒窗苦读，却未得任何名分。美丽的幸运女神并没有眷顾他，没有垂青他这位苦命的书生，于是由怨生恨，洪秀全决定竖起反清大旗，推翻大清朝自己做皇帝。

太平天国运动之始，中国国内环境极为复杂，可以用“内忧外患”、“满目疮痍”来形容。19世纪中期，法国、英国等都爆发了资产阶级革命，国内需求已经不能满足其自身工业发展的需要，在世界各地都出现了瓜分殖民地的战争。而中国，当时已经经过了鸦片战争，中国的国家实力已经与欧洲国家相距甚远，国内各个阶层都出现了谋求国家发展与变革的人士。而且中央的实力明显的有所衰弱，对地方的控制能力有所下降。阶级矛盾与民族矛盾交织在一起，使原有的社会矛盾更加激化。

1851年1月11日，洪秀全生日，拜上帝会众万人在金田村“恭祝万寿”起义，是为金田起义。洪秀全称天王，建立“太平天国”。同年3月23日，洪秀全封杨秀清为“左辅正军师”、萧朝贵为“右弼又正军师”、冯云山为“前导副军师”、韦昌辉为“后护又副军师”。同年秋季，太平军占广西永安州（今蒙山县）。12月在永安封东、西、南、北、翼五王，其他四王皆归东王杨秀清节制。南王冯云山制订了太平天国初期的官制、礼制和军制，又创造了一套独特历法，在太平天国内使用，并且实行财产公有制。

从1851年的金田武装起义开始到1853年，历经三年，洪秀全和他的将领们一举拿下南京，并定为都城，号天京，而洪秀全则号称天王，开始了他短暂的帝王生涯。

在偌大的中国大地上，太平军为什么要选择南京建都呢？南京在漫

（太平天国的军队）

长的岁月中曾经有过很多名称，其中最响亮的名字莫过于“金陵”了。时至今日，“金陵”仍是南京最雅致的别称。

南京历史悠久，早在30万年前就有古人类生活于此。春秋战国时期南京地处“吴头楚尾”，作为军事前沿，吴、越、楚三国先后建有城邑。南京建都史自东吴定都建业开始，其后，东晋、南朝（宋、齐、梁、陈）、南唐、明，都定都南京前后长达450年。洪秀全之所以把都城设在南京，主要有以下几个方面的考虑：

从地理因素来考虑，南京地处长江中下游地区，紧扼长江门户。沿江而上，可控制长江中游地区；溯江而下，可控制江浙一带，且南京位于长江南岸，长江可作为抵抗清军的天然屏障。

从政治因素来考虑，占领南京后，建立都城，可以建立稳定的根据地，克服当时流动作战的不利局面，便于集中力量与清政府对峙。

从经济因素考虑，长江中下游地区，特别是江浙一带，是当时中国经济最发达的地区，相对比较富庶。在此建都，可使太平天国获得有力的物质支持。

从历史因素来考虑，南京是我国著名的“六大古都”之一，历史上有许多王朝在此建都，是著名的政治、经济、文化中心，建都条件优越。

而后人认为太平天国也正是因为建都南京才使得天国失败，他们主要认为：

第一，定都天京后，导致太平天国的革命目标发生变化。在定都天京之前，太平天国唯一的革命目标是推翻清王朝的统治。但定都天京之后，除了这个既定的目标之外，又添了扫清天京外围、巩固天京和充实财源两个革命目标。太平天国定都天京不久，清军就在天京附近设“江南大营”、“江北大营”以围困天京。这样，太平天国首要的革命任务就必须打退围困的敌人，扫清天京外围，以确保天京，而且洪秀全坐镇天京和打退敌人围攻必须有充足的财政支持。这样一来，推翻清王朝统治反而退到次要的地位。

第二，建都之后，无形之中树立了更多的敌人，加大了对清王朝的斗争难度。毕竟南京作为江南的富裕之地，早在列强入侵之前就富贾林立，聚集着大量的地主富人。列强入侵后，随着慢慢地渗透，列强在此也存在大量的既得利益，而这种利益是通过不平等条约获取的，对这些不平等条约，太平天国是不予承认的，无疑极大地损害了侵略者的利益。这就导致中外势力公开勾结，剿灭太平军。

第三，太平天国过早定都南京，容易滋生骄奢淫逸腐败思想和行

为。南京位于江南，一直是清政府重要的粮饷供应地，经过长途跋涉的太平军十分惊叹这里的富庶。但就是这种富庶催生首义诸王到南京后迅速腐败，而腐败正是太平天国失败的另一个重要原因。在这样腐朽生活下，我们就不难理解太平天国诸王之间的自相残杀，最后导致“天京变乱”，致使太平天国元气大伤。

以上分析看上去不无道理，但仔细深究，破绽百出。天国败在都城选址一事上的说法完全是一种武断。历史上众多王朝都建都南京，辉煌者不在少数。笔者认为建都南京是明智之举。拿下南京之后，太平军当时面临的形势极为严峻。一是北方大部分地区和全国大部还是清政府控制，清军力量依然庞大，反清任务也依然艰巨；二是各地的地主武装、团练，如后来的曾国藩的湘军、李鸿章的淮军，由于太平天国的革命宗旨，包括其土地政策，严重损害了地主阶级的根本利益，自然会让地主武装死心塌地地效忠清政府，成为太平军的劲敌；三是虎视眈眈的外国势力，虽然早期没介入绞杀太平军行动，持观望态度，但后来太平天国奉行反侵略、不卖国、不妥协的外交政策，使西方列强选择了听话的清政府，二者共同对付太平天国。

针对于此，太平天国只能选择南京落脚。在当时，没有一个稳固的根据地，后勤没有保障很难获得胜利，而南京正是这样一个非常理想的革命根据地。后来清王朝和外国势力发生战事的时候，外国侵略者不也是在江南毁坏清军粮道，然后逼其就范的吗？而且江南一带向来富裕，且人文资源丰富，在这里建都，一方面可以壮大声势增加天国的影响力，与清王朝分庭抗礼；另一方面又可使部队得到必要的休整和补充，吸纳更多的人才进来，以做长期斗争的准备；同时，还可以北上中原，

直捣北京，夺取最后的胜利。

正因为这些得天独厚的战略因素，当天国定都南京的消息传到清廷之时，清廷大震，咸丰皇帝更是寝食难安，惶惶不可终日。而且一夜之间，各地义军蜂起云涌，掀起一股前所未有的反清浪潮。

那么这样一来，太平天国上顺天时，下顺民意，而且占有了南京这个地利，攻城伐地，取代清朝，应该是大势所趋、人心所向了。但洪秀全仅仅在南京做了十年的皇帝梦。同治三年，也就是公元 1864 年，曾国藩指挥的湘军攻克了天京，历时 14 年、势力遍布 18 个省、攻克城池 600 余座的轰轰烈烈的太平天国运动宣告失败了。

这是多么幸运的一件事——太平天国的灭亡拯救了中国。我们试想如果太平天国果真成功了，夺得了全国的统治权，将会如何？中国的历史是不是又将进入一个漫长的高压统治、封建专制社会？对中华民族而言那不啻于一场千古不遇的大浩劫，而且以拜上帝教这样中世纪形态的极端意识形态来替代儒家文化，只能使中国出现大倒退，使民族陷入万劫不复的境地。所以笔者对曾国藩的“剿匪”行为，拍手称快。太平天国是逆历史潮流而动的一股黑潮，它的结果是在中国复辟中世纪的政教合一的野蛮统治，神汉巫婆通过装神弄鬼玩弄人民于股掌之间——这就是太

（太平天国时期的圣宝铜钱）

平天国的实质！而清政府尽管其极其腐败无能，但他们的制度还符合起码的人伦，符合起码的人性，允许老百姓过普通世俗的生活的，而太平天国却让人民父子、兄弟、夫妻分离，永远处于战时状态——不如此，天国就要覆灭，这显然是不符合实际，也违背社会发展的。

最后，太平天国是谢幕了，它将粉末撒尽，终究难逃灭亡的厄运。究其失败的原因主要包括以下几个方面：

第一，腐败严重，上下离心。洪秀全定都南京之后就丧失了进取心。从 1853 年 3 月进入天京到 1864 年 6 月离世，11 年间从未迈出城门一步，只有东王杨秀清生病，他坐了 64 人抬的大轿出宫，去看杨秀清。其余时间都在他的太阳城金龙殿坐享荣华，其威仪和气派可想而知。

（太平天国没落时的南京）

一位英国人在其游记中写到天王府的“盛景”：有一次他在王宫前

经过时，忽然间鼓声、钹声、锣声与炮声交作。一向旁人打听，才知道原来是天王进膳的时间，直至膳毕，声音才停止。此时：“圣门半开，好些软弱可怜的女子或进或出，各提盘碗筷子及其他用品，以侍候御膳用。各种物品大都是金制的。”“天王有王冠，以纯金制成，重八斤；又有金制项链一串，亦重八斤。他的绣金龙袍亦有金钮。他由内宫升大殿临朝，亦乘金车，名为圣龙车，用美女手牵而走。”

洪秀全定都南京后更加骄奢淫逸，对女性进行大加蹂躏。他的后宫就是妇女的牢笼。太平天国与中国其他封建王朝一样，实行一夫多妻制。天王洪秀全掳美女无数，全充当后宫享乐之用，并且还为这些后宫之女规定了许多奇怪的清规戒律，如禁止女子抬头看他，“起眼看主是逆天，不止半点罪万千。”“看主单准看到肩，最好道理看胸前，一个大胆看眼上，怠慢尔王怠慢天。”真是荒唐之极。

另外，为了体现“国威”，太平军进入天京后，大兴土木。宣称：“正是万国来朝之候，大兴土木之时。”其实当时除了他自封的那几千王侯，并无一国来朝。天王府的规模气势恢宏，损耗人力物力无数。《盾鼻随闻录》卷五记载，这座宫殿的装饰为“雕镂工丽，饰以黄金，绘以五彩。庭柱用朱漆蟠龙，鸱吻用鎏金，门窗用绸缎裱糊，墙壁用泥金彩画，取大理石铺地。”此还不算，之后不久，天王府又进行了第二期、第三期扩建工程，挥霍、浪费程度难以想象。

在大兴土木之时，由天王封下的天京其他诸王显贵也争相奢侈夸富，大搞华丽排场，如舆马定制，从“两司马”乘 4 人抬黑轿开始，逐级加大。东王杨秀清出行乘 48 人抬的大黄轿，夏日乘轿下设玻璃注水养金鱼的水轿，每次出行时前后仪仗数里，像赛会一般。而天王洪秀全从不出宫门，宫内有美女牵的金车，宫外常备 64 人抬龙凤黄舆，奢侈至极。

第二，内部的纷争断送了太平天国的大好前程。洪秀全领导的太平天国灭亡不可忽视的另一个重要因素是窝里斗。太平天国初期队伍人数猛增，然而 1856 年，韦昌辉杀杨秀清及亲信 6000 多人，之后诸王开始相互屠杀。当石达开来天京惩罚韦昌辉后，太平军已经损失十几万人，至此太平天国的实力大减，内部四分五裂，逐渐走上了灭亡的途径。

1851 年，天王洪秀全在“永安建制”时，命其他四王归东王杨秀清节制。而南王冯云山及西王萧朝贵相继战死后，权力更加集中在杨秀清一人身上。在太平天国前期，天王虽然地位在各王之上，然而在制度上只是一个虚君，实际权力都由正军师，即东王杨秀清控制。

太平天国定都天京后，东王杨秀清与其他诸王的关系越来越差。一方面因为东王的权力要比其他诸王高；另一方面杨秀清嗜权如命，性格暴虐。举个例子，北王的亲戚因为跟东王的亲戚发生财产争执而激怒了东王，东王命北王议罪，北王只好把亲戚五马分尸。即使是对天王洪秀全，杨秀清也多次假装“天父下凡”以杖刑威吓。

天京事变后，翼王石达开开始处理政事，不过这个时候的天王洪秀全却疑神疑鬼，害怕石达开会突然发动政变，于是开始重用其兄弟，目的就是牵制石达开。这样一来，石达开也不高兴了，终于在 1857 年带领自己的军队出走，严重削弱了太平军的力量。同时太平天国内人心开始涣散，军事形势迅速逆转。这时，清军抓住这个大好机会，加紧围剿太平军，转颓势为攻势，扭转了不利的局面。

太平天国是近代中国历史上规模最大的一次农民起义运动。它在短

短几年内就席卷大江南北，几乎将清王朝彻底推翻。但如此浩大轰烈的运动，最后还是避免不了失败的惨痛结局。

“龙椅”还未坐稳，自家兄弟就如此互相屠戮，这种得志便猖狂，空前的腐败程度恐怕也只属于历史上的太平天国。如果说洪秀全真有一点历史上其他的开国君主的气魄，有一些梁启超等人的新式思维，那么太平天国或许会是另一番景象，中国的历史也将会得到改写。只可惜洪秀全和历史上其他乡野匹夫一样，仅仅是草莽英雄，并不具备一个政治家的素质和领导人的眼光、胸怀，使得整个太平天国葬送在了他的手上。当然，我们也可以设想，假如没发生所谓的天京事变；假如天国的东南西北各王能够融洽相处、心有灵犀；假如他们的军事策略和行动都是正确的，最后它推翻了清王朝的统治，夺取了政权，建立了真正的太平天国，那时候，它能够像当年承诺的那样，实现“有田同耕，有饭同食，有衣同穿，有钱同使，无处不均匀，无人不饱暖”的社会吗？它如何抵制外来侵略，如何管理国家，如何让中国走向独

（石达开塑像）

立、富强与现代化？

对太平天国运动，继马克思做出反应之后，他的老战友恩格斯也说，“古老中国的末日正在迅速到来。……过不了多少年，我们就会看到世界上最古老的帝国做垂死的挣扎。同时，我们也会看到整个亚洲新纪元的曙光。”这种世纪伟人孤独、一厢情愿的话，显得多么苍白无力，多么凄凉和无奈。

太平天国运动最后凄凉谢幕了，其悲凉的结局留给后人无数的设想。如今的南京，再现繁华，走在古老的旧街上，人们或许还能想起“金陵之梦”，想起昔日辉煌过的太平天国，触摸历史上那些或隐或现的伤口，但是其残留的余渣，却让人始终嗅不出英雄的味道。当太平天国的挽歌响起，无数无辜的生命陨落，历史的车轮辗着他们的鲜血前进，却淹没了他们的声容笑貌，令人暗自啜泣。

一个英雄孤独的抗英战争

面对强大的英帝国，如果抵抗注定要失败，而且损失也更为惨重，是否还应抵抗？这是个政治问题。一个出色的政治家不应是个盲动者，他考虑的首先应该是国家利益、人民的利益。尤其在国家尊严受损、民族存亡之时，一个民族需要竭力去捍卫其道德尊严和精神诉求。一个丧失斗志、甘受摧残、奴化的民族是一个可悲而低下的民族，也是最没有希望的民族。林则徐去了，这是大清王朝的悲哀和损失，更是民族的不幸，是华夏大地的不幸……

1837年，52岁的林则徐因政绩突出，被道光帝升任为湖广总督，成为掌握湖南、湖北两省军政大权的封疆大吏。从此，林则徐的仕途也就进入了辉煌期。林则徐是一个实干家，全凭个人能力一步步走上仕途，并一步步从基层爬上了他一生权力的顶峰。林则徐家境清贫，父亲林宾日，以教读、讲学为生。在当时的生活条件下，仅靠父亲教私塾的微薄收入是很难维持即使很朴素的生活的，因此他的母亲也经常做点手工活来分担家庭的窘困。但即使是这样，他们的生活也常常穷困到食不果腹的地步。

在科举时代，林则徐的父母指望自己的儿子能在仕宦之途发达上升。据史书记载，林则徐性聪颖，在4岁时便由父亲“怀之入塾，抱之膝上”，口授四书五经。在父亲的精心培育下，较早地读了儒家经传。嘉庆三年（1798年），他14岁中秀才后就到福建著名的鳌峰书院读书，受教于具有实学的郑光策和陈寿祺。在父亲和亲友的影响下，开始注意经世致用之学。嘉庆九年（1804年），林则徐中举人。父亲的谆谆教导使林则徐的学业取得了惊人的成就。但此后由于家庭日难，林则徐只能外出当塾师。在嘉庆十一年（1806年）秋，应房永清之聘到厦门任海防同知书记，这里的鸦片烟毒引起他的注意。同年，受新任福建巡抚张师诚的赏识被招入幕府。他在张幕中获知了不少清朝的掌故和兵、刑、礼、乐等知识以及官场经验，为他日后的“入仕”准备了些必要条件。

艰苦的环境以痛苦的方式锻炼和造就了人才，而优裕的环境以舒服的方式培养庸才，这似乎是一条亘古不变的规律。在封建王朝，没有家庭背景的人，如果想飞黄腾达，只有一条路可走，那就是勤学苦读，以此来成就功名。而没有家庭背景的林则徐何以能在短短60多年的生命中历任翰林院庶吉士、国史馆协修、云南乡试正考官，直至浙江杭嘉湖道、江南淮海道、江苏按察使和湖广总督呢？如果他没有真才实学是很难做到的。

林则徐之所以能步入官场，并一步步向上攀登，主要靠他五个方面的能力：一靠他的才能，二靠伯乐的赏识，三靠科举制度给他提供了机会，四靠社会机遇，五靠自己的勤学苦读。在尔虞我诈、腐朽没落的晚

清黑暗官场里，唯独林则徐没有靠山，没有宗派，他不会结党营私，更不会逢迎拍马。

（林则徐）

林则徐一生政绩斐然，不过对于后人来说，如果提到林则徐必然要和禁烟联系起来，换句话说，林则徐和禁烟运动已经成为一个不可分割的整体。当然了，林则徐一生当中影响最大，最为后人熟知的政绩就数领导了禁烟运动，并和英国的鸦片侵略进行了长时间的殊死搏斗，因而牵动了全国，震惊了世界。

在腐败的清朝晚期，出身卑微的林则徐，何以能在官场上一帆风顺，并得到道光帝的赏识？何以能在官场上有如此大的影响力，而且能对自己的主张如此顺利地实行？如此种种，都需要最高统治者的赏识，但最重要的是还是自己的智谋。林则徐的一生是孤独的一生，因为他没有靠山，没有什么背景，也因为他的结局令人无数次悲痛。但尽管如此孤独林则徐始终没有放弃他的目标，那就是“苟利国家生死以，岂因祸福避趋之”，为人民、为国家鞠躬尽瘁。

林则徐步入官场政绩累累，朝野上下到黎民百姓对其无不尊敬。他的所作所为自然让皇帝看在了眼里。由于受道光帝宠信，林则徐原本准备告别官场，却又被委以重任。道光二年（1822 年）四月，林则徐赴任江南淮海道；道光三年（1823 年）正月，提任江苏按察使。一到任，林则徐立即要求审案断案的官吏秉公执法，同时规定官员严格按照有关章程进行审理，清理历年积压案件，使犯法者伏法，使冤屈者申冤等等。他整顿吏治、清理积案，平反冤狱，并把鸦片毒害视为社会弊端加以严禁。积压了几年甚至十几年的案件处理了十分之九，逍遥法外的盗匪、凶犯也一一落网。原来依财仗势的土豪劣绅也不敢为非作歹了，社会治安迅速好转。因此，他被当地老百姓称为“林青天”。

1823年，江苏在夏秋之际大雨成灾，松江饥民聚众告灾，汹汹将变。两岸的圩堤被冲垮，全省境内三十多个州县田地房舍被水淹没，一片汪洋，灾民惨状目不忍睹。

（瓷器上的林则徐）

民以食为天，没有了食物就只能等死了，因此饥饿使灾民们丧失了理智，他们蜂拥而至，包围了官府，并愤怒地表达了他们的抗议和气愤。但这样做，毕竟解决不了问题。当时的江苏巡抚韩文绮因为担心灾民造反，甚至连夜调兵遣将，准备当灾民造反的时候，就以武力驱赶这些灾民。

林则徐反对调兵镇压，小时候的生活经历，让林则徐深知农民的疾苦，因此当他得知这个消息之后，亲自赴松江安定灾民，并给了韩文绮以下几点建议：

第一，颁布命令，禁止那些奸商们乘机囤积倒卖粮食加大农民的负担，同时广泛发动富绅们发扬风格，开仓放粮赈灾；第二，破除地方保

护主义，鼓励外地商人将粮食运过来销售；第三，减除本地农民，特别是灾民的苛捐杂税，同时加紧救济那些受灾特别严重的灾民。

林则徐的努力总算没有白费，最后那些有造反迹象的农民们总算安定了下来。事实上，封建王朝的农民是最淳朴、最老实的一类人，如果不是天灾人祸，他们的中庸思想，是不会使他们动不动就造反的。不管怎么说，林则徐的一系列措施，缓和了当时一触即发的阶级矛盾，也避免了一场大屠杀。

道光十年（1830年）秋，林则徐赴任湖北布政使；第二年春又调任河南布政使，擢东河河道总督。从六月到次年七月，林则徐又先后任湖北、河南、江宁布政使。“一岁之中，周历三省，所至之处贪官墨吏望风解缓。疆臣重其才，皆折节倾心下之。”“为清朝统治的长远利益，锐意整顿财政，兴修水利，救灾办赈”，“一时贤名满天下。”十月，升任河东河道总督。面对关系到河道民生重大问题，决心“破除情面”，“力振因循”，以求“弊除帑节，工固澜安”。为了治理黄河，亲自顶着寒风，步行几百里，对备用的几千个治水商梁秸进行检查，还将沿河地势，水流情况绘画张挂，便于了解和治理。

道光十七年（1837年）正月，林则徐又升任湖广总督。湖北境内河流密布，每逢夏季大河常泛滥成灾，对此林则徐提出“修防兼重”，使“江汉数千里长堤，安澜普庆，并支河里堤，亦无一处漫口。”对保障江汉沿岸州县的生命财产，做出了不可磨灭的贡献。同时林则徐整饬吏治，严惩贪赃枉法。“要正人，先正己”，“身教重于言教”，林则徐十分注意严格要求自己，事事以身作则，处处为人表率。在出任湖北布政时，入湖北发出《传牌》，禁止沿途阿谀逢迎，借端勒索。在总督任内，仍保持“一切秉公办理”的作风。林则徐办事兢兢业业，是当时官场中最廉明能干、正直无私，最受群众爱戴的好官。

在这里，笔者之所以将林则徐的这些经历当作本篇文章重要的一部分来叙述，并非刻意去赞颂他的丰功伟绩，只是想说明，道光帝让他担任禁烟总指挥，是实至名归的。没有一定能力的人，无法胜任这项具有风险的工作。作为一个有作为的皇帝，没有人比道光帝更清楚，没有林则徐这样的重臣和心腹主持禁烟，一切都是没有意义的。

鸦片，是从罂粟的汁液中提炼的一种毒品，也就是我们俗称的大烟。吸鸦片很容易成瘾，常吸食会使人精神上与生理上受到极大的摧残，轻者丧失劳动能力，重者危及生命。早在明朝末年的时候，鸦片就传入中国，但由于当时价格昂贵，尝试者极为有限。

经营鸦片最高有924%的暴利，因此到了18世纪的20年代，英国殖民主义者开始经营罪恶的鸦片贸易。英国鸦片贩子将鸦片偷运到中国，每箱毛利最高时可达一千银元之多。对于英国殖民者来说，鸦片走私还带动了英国——印度——中国的“三角贸易”，使英国可以赚取更大的利润。

大量鸦片的输入，给中国社会带来灾难性的后果。比如，造成中国的白银大量外流。而大量白银外流，直接造成了“银贵钱贱”的社会悲剧，并大大加重了农民和中小商人的负担，影响了清政府的财政收入，以至于使得清政府有时支付军队粮饷也感到困难。

同时，鸦片大量输入，还造成了市场萧条、工商业萎缩。手中的钱都用来吸食鸦片了，用于购买其他物品的钱必然减少。

虽然，清政府也颁布了禁止贩运、吸食鸦片的诏令，比如乾隆皇帝

在世的时候，就发布了禁烟令；到了嘉庆帝当政的时候，因为鸦片贸易比之前更严重，更是三令五申，严禁鸦片贸易。可是对于清王朝来说，因为政府的腐败和官员的贪污、受贿，这些最高统治者的命令并没有因为是“金口玉言”就得到很好的贯彻。走私到中国的鸦片不仅没有减少，反而越来越多。

早在1832年，林则徐担任江苏巡抚的时候，就开始注意英国鸦片输入的现象。1832年7月，林则徐在镇江得到消息，英国商船“阿美士德”号像茫茫大海中突然冒出来的魔怪一样停泊在吴淞口赖着不走。林则徐火速通知江南提督关天培将此船立即驱逐出境，并为此事给道光帝写过三次奏折。

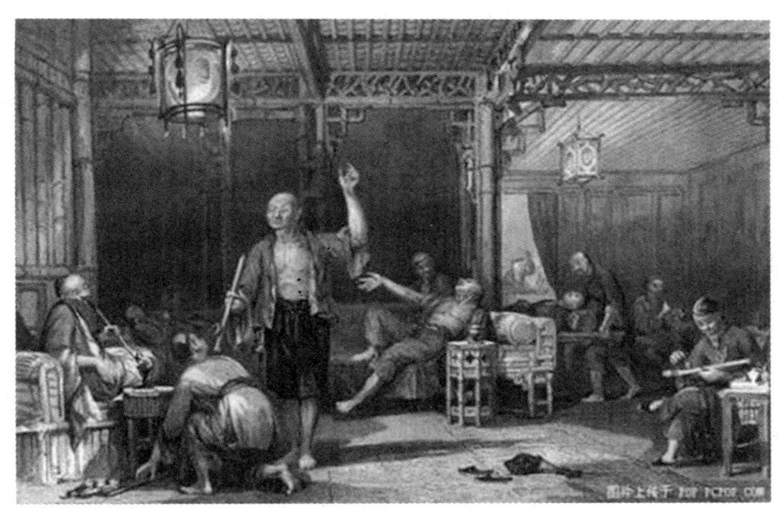

（西方人画笔下的晚清烟鬼）

大清王朝的领土和领海上忽然之间来了不速之客，道光帝和林则徐都采取了警惕、防范、驱逐的态度。只不过对于道光帝来说，他代表的是政府的利益——这种利益，导致他的思想完全出自狭隘、恐惧的心理状态，既反感又害怕，但似乎也有点无可奈何；相反，林则徐之所以警惕，是因为他深知鸦片的毒害之深，害怕鸦片入境会危害老百姓的健康，给这个本已腐朽的大清王朝带来更大的伤害。

因此，林则徐立即命令属下，如果再有英国船只过来，首先要严查，不予以配合者直接将商船烧毁，同时还要追究责任人的刑事责任——严办走私者，特别要注意打击十恶不赦的汉奸。林则徐的这个立场，在以后更加激烈的斗争中，没有过一丝一毫的动摇和退让。

与此相反，道光帝因为又惊又怕，始终处在矛盾中。他以“别生枝节，致启衅端”为由，否定了林则徐的建议和做法。林则徐的忧国忧民并没有获得清王朝最高统治者的青睐（我们是说实质上的），因此林则徐可以说是孤零零地一个人在抗击当时世界上最为强大的帝国。这是林则徐的悲情，还是清王朝的悲剧？

话说回来，林则徐和道光帝在这时可能都没意识到，英舰闯入时在偷偷地测量和绘制中国沿海一带的海湾与河道的地图，准备日后武装侵略，强行输入鸦片。

无论是道光帝还是林则徐，对上述一切当然不可能有清楚的了解，道光帝只希望天朝无恙，林则徐的炯炯目光却警惕地审视着英国人是否会贩卖鸦片。

果然，鸦片走私的现象越来越严重，上自大清皇帝、督抚大员，下到负禁烟缉私之责的官吏兵丁，直接或间接从鸦片走私中贪污受贿、谋取私利者数不胜数。比如，广东水师缉私巡船每月收受贿赂达三万六千两白银，而福建水师官兵竟十之八九为收取贿赂而放纵鸦片走私。

无数家庭因为吸食鸦片，最后倾家荡产，更为严重的是，因为大清王朝的军官和士兵们也染上吸食鸦片的恶习，使得军队渐渐失去了战斗力，在精神和意志上被大英帝国逐渐瓦解。那么后来的鸦片战争以及镇压太平天国运动时清军之所以一触即溃，是不是有被鸦片毒害的因素存在呢？这种猜测也值得人深思。

（虎门销烟）

总之，鸦片对国人的毒害深深地刺痛了林则徐的心。他痛心疾首地对道光帝说："若犹泄泄视之，是使数十年后，中原几无可御敌之兵，且无可以充饷之银。兴思及此，能无股傈！"

事实上，对于禁烟还是不禁烟，道光帝一直都是摇摆不定的。这里穿插一个小插曲：

当时的大臣们，对鸦片侵略的态度分为两派，一派主张严禁，另一派主张弛禁。二者的立场、观点和提出的政策措施大相径庭，尖锐对立。

弛禁派的代表人物首先是许乃济，随后形成了一个弛禁派的营垒。他们认为吸食鸦片不能严格禁止。允许外来的鸦片进口也有好处，可以增加税收。如果鼓励在中国本土种植鸦片，就可以减少白银的大量外流。这种人甚至荒谬地说，农民种植鸦片可以获得比种植稻麦多得数倍的利益。在他们看来，严厉禁烟反倒是“百弊丛生”了！

严禁的代表人物首先是黄爵滋，随后形成了一个严禁派的营垒。双方壁垒分明，各持己见，唇枪舌剑，笔墨相攻，道光帝以绝对权威的地位倾向哪一方，哪一方便暂时得胜，并影响全局。

这时候的林则徐坚决支持黄爵滋的禁烟主张，并且提出了六条禁烟建议：

第一，命令各个州县等地方政府，积极收缴烟具，并把这项工作作为评价州县官员功过的一个标准；

第二，劝说吸食鸦片的人，让他们改过自新。同时将一年期限划为四个阶段，逐步递加罪名，过期限仍然不戒烟的人，就要予以重罚；

第三，尤其要重罚那些开烟馆、贩烟、制造烟具的人的罪名，并责令其按期自首；

第四，明确执法人的职责，对于失职的官吏给予处分；

第五，命令地保、甲长、牌头收查烟土、烟膏、烟具；

第六，采用熬的办法，审断鸦片吸食者。

不久，林则徐又一次上奏，进一步驳斥许乃济，并阐述全面开展禁烟的重要性。这时才说出“若犹泄泄视之，是使数十年后，中原几无可

御敌之兵，且无可以充饷之银。兴思及此，能无股僳”的肺腑之言。

正是林则徐的这几句话击中了要害，打动了道光帝。这位皇帝为自己的江山着想，为了维持他那虚弱的政权，没有御敌之兵怎么行？有兵无饷怎么办？无兵无饷等于完蛋，所以他心动、心悸之后，下定决心开展禁烟运动，也才选定办事最认真、才能最卓越、禁烟最坚决、自己最最宠信的林则徐以钦差大臣的身份到广州完成禁烟大业。

因为支持禁烟这件事，是否可以认为道光帝是民族英雄？站在国家抗击外来侵略的角度讲，道光帝的做法值得我们每个人尊敬，之后数十年的晚清历史证明，道光帝相对于咸丰帝、同治帝，以及一手遮天篡政者的慈禧的所作所为，已经足以令人称道。

因为道光帝的支持，在严禁与弛禁的斗争中，严禁派取得了暂时的胜利，林则徐终于可以稍稍松一口气了。

1838 年 11 月林则徐奉召离武昌进京，受命为钦差大臣，系国运之安危，赴广州组织领导禁烟大业。“风萧萧兮易水寒，壮士一去兮不复还。”林则徐踏上向南的征途，从此再没有回到过北京。

一百多年后的今天，当我们回望历史的时候，可以肯定地说，林则徐是一个历史英雄。他一人而系天下之安危，为中国历史写下了浓重的一笔。历史赋予林则徐那分外沉重的脚步声，凄楚而庄严，悲怆而光荣，他义无反顾地投身于历史的狂涛巨澜之中，因此当之无愧地成为中国近代史上第一位巨人。

1839 年 3 月林则徐到达了广州，当广东人民得知来了一位专门查禁烟毒的钦差大臣时，无不拍手欢迎。

但面对如此艰难的任务，林则徐的内心世界也是波涛起伏的。道光

（虎门销烟）

帝的特殊信任，自然使他感激，严禁鸦片的正义性自不待言，但是面对各种各样的困难和压力，要达到预期的目的又谈何容易！这时候的林则徐至少面临四方面的巨大困难：

第一，虽然担任了禁烟总指挥，但自己不是最高的决策者。毕竟高高在上的皇帝可以翻手为云，覆手为雨；也可以朝令夕改，喜怒无常。今天可呼你为爱卿，明天可将你打成囚徒。所谓“伴君如伴虎”，林则徐不可能预想不到这一点，只是不能说出口来而已。这就导致他不能完全放开手脚按照自己的意愿行事。

第二，巨额利润促使侵略者无所不用其极，敌人在物质手段上占有明显的优势。林则徐对西方世界的情况此时虽然不甚了解，但外夷船坚炮利他是知道的，对手顽固而又凶残。

第三，官场的腐败，给禁烟运动带来巨大的压力。因为在禁烟的过

程中，林则徐已经发现，靠鸦片发财的贪官污吏多如牛毛，而且后台的力量大多还比较强大，因此战胜贪官污吏明里暗里的阻挠、破坏，比战胜外来的侵略更困难。

第四，长期养痈遗患，鸦片鬼以数百万计。他们出于生理上烟瘾难除，发作起来便不顾一切，也是禁烟一股巨大的阻力。

虽然阻力、压力、困难都很大，但对于一心想禁烟的林则徐来说，这些困难都不是他惧怕的。这个时候，林则徐采取了对内和对外的两条措施：

第一，对内采取整顿措施。林则徐在两广总督邓廷桢、广东水师提督关天培的帮助下，巡察海防，整顿水师，杜绝鸦片走私行为；同时严厉打击那些贪污、受贿，与殖民者同流合污的官员。

第二，对走私鸦片的殖民者采取强硬的收缴措施。林则徐召见洋行商人，要求他们保证外商交出鸦片，将功赎罪。限期交出全部的鸦片。另外还要写保证书，保证不再走私鸦片。林则徐心里很明白，把走私贩子赶走容易，但要彻底解决鸦片的祸害，要面临更多困难。表面来讲，将现有鸦片销毁了，但要不了多久，鸦片走私很快又会死灰复燃。因此，林则徐决定从根本上采取措施——他通过法律手段让所有的外国商人都

（1856 年进攻虎门的英国皇家海军南京号）

签字画押——正当贸易我们鼓励，但不能进行鸦片贸易。用林则徐的话说，就是外商必须保证“嗣后来船永不夹带鸦片。”否则“一经查出，货尽没官，人即正法”。正法就是杀头，看来林则徐的措施确实够严的，他要外国商人用性命担保不再干这种图财害命的罪恶勾当。如果现有的鸦片销毁了，来源杜绝了，这才是禁烟的最终目标。

在收缴鸦片的过程中，林则徐还派官兵在外国人居住区、商馆一带添加暗哨，以防外国商人交易成功后离开广州。

林则徐的禁烟运动，对于走私鸦片的殖民者来说，是致命的打击。林则徐的禁烟运动受到外国鸦片贩子的强烈抵制。那时英国商人的主要代表义律住在澳门，当英国商人给他通报林则徐禁烟一事之后，这些卑鄙的西方强盗居然恶人先告状，暴跳如雷地威胁说：“我们英国的军舰就停在附近，相信大炮会有用的。”

从走马上任的那天，林则徐就早已知道禁烟的阻力和威胁。所以对于义律的威胁，林则徐义正严词地说：“本大臣旨在禁烟，限你们三天之内缴出鸦片，逾期不缴，必然封闭洋馆，断粮断水。”

义律本来就是个十足的地痞流氓，面对林则徐的命令，他表面上遵守，实际上暗地里捣鬼、讹诈，凡是能用的卑劣手段都用上了，但这丝毫改变不了林则徐收缴鸦片的立场。当给义律规定的时间到期之后，林则徐立即采取极端措施：下令封仓，停止中外贸易。同时还派重兵包围了外国人的商馆，与此同时，还命令商馆内的所有中国人，不论是买办，还是工役一律撤离。

一向狂傲的义律这时候一看也没辙了，只好换了副卑躬屈膝的样子，以英国政府代表的身份让英国的鸦片商将鸦片交给他，然后由他将

鸦片转交给了林则徐。至此，林则徐的禁烟运动已取得了巨大的成功。从2月至4月，林则徐共收缴英、美商人的鸦片两万余箱。从林则徐1839年3月10日到达广州，到义律3月28日被迫同意缴出全部鸦片，总共18天，这充分说明了林则徐收缴鸦片第一回合的胜利。

林则徐与邓廷桢等人会商后，就收缴的地点、验收、押运、存储、看管、守卫等各个环节做了无懈可击的指令和安排。4月10日林则徐、邓廷桢亲赴虎门检查收缴前各项准备工作。4月11日开始收缴，林则徐亲自监督收缴全过程。

收缴的这段日子，林则徐一刻不怠的监督着这一庞杂的过程。日夜操劳，一丝不苟，无一纰漏。缴烟获得了完全的胜利，但如此巨量的鸦片如何处置？外国人推测中国可能对鸦片实行专卖，从而使鸦片买卖合法化，但他们想错了。林则徐报告道光皇帝，要求验明实物数量，然后焚毁。道光对林则徐表示了很大的信任，他让林则徐和邓廷桢、怡良等人将收缴的鸦片就地销毁。

6月3日，历时23天的虎门销烟，在林则徐的指挥下，向全世界宣告了中华民族绝不屈服于侵略的决心。销毁鸦片19187箱和2119袋，总重量2376254斤。虎门销烟，是人类历史上旷古未有的壮举，虎门销烟，展示出中华民族无与伦比的伟大形象，是抗击外来侵略的胜利。林则徐，理所当然地成为这一事件的组织者、指挥者和完成者。从这个意义上说，他已毫无愧色地成为历史巨人了。

不过在这个阶段里，林则徐还是没有躲过义律的暗箭。这时林则徐接受的是义律以英国政府的名义收缴来的鸦片。本来这是中国政府内部的事情，现在却变成了中英两国之间的事情。这也说明英国商人为了向

（虎门沙角炮台）

中国倾销鸦片，什么卑鄙手段都能用。

禁烟运动的胜利让林则徐感到满意。中国禁烟的消息传到英国，却引起了英国朝野一片哗然。1840 年 4 月 9 日，英国议院以 271 票对 262 票通过了内阁关于发动侵华战争的提议。

其实，林则徐在广州查办鸦片贸易的过程中，已经意识到英国会发动侵略战争。所以为了战胜敌人，他经过多方面分析研究，学习敌人的长处，用这个长处去战胜敌人，也就是后来魏源归纳阐述的“师夷之长技以制夷”。于是在禁烟初期，林则徐就亲自挂帅，组织翻译班子翻译《华事夷言》（西方国家对中国的评论语言），作为当时中国官吏的一种“参考消息”；为了更好地让军队了解外国的军事、政治、经济情报，林则徐又将英商主办的《广州周报》译成《澳门新闻报》；另外还翻译了英国人慕瑞的《世界地理大全》、瑞士法学家瓦特尔的《国际法》。在军事方面，林则徐命所属清军加强和改善沿海一带防御力量，并从国外买

来200多门新式大炮配置在海口炮台上。

英国殖民者不肯放弃罪恶的鸦片贸易，而且蓄谋要用武力侵略中国。林则徐在广东一边禁烟，一边积极备战，修建炮台，拉拦江木排铁链，并相信“民心可用”，招募五千多渔民编成水勇，屡败英军的挑衅，在1839年下半年，取得了九龙之役、川鼻官涌之役等反击战的胜利。1840年同年6月，义律率领的英国舰船40余艘及士兵4000人到达中国海面，标志着第一次鸦片战争正式开始。

中华民族几千年来的历史经验一再证明着这样一条规律，那就是当灾难来临时，中华民族自身首先要团结，人民的力量是庞大的。所谓“民心可用”就是要用人民的力量战胜来袭的灾难，无论是天灾还是人祸，拥有了人民就拥有了胜利的保证。一百年后的抗日战争就也证明了这条定律。但可怕的是，在遭遇灾难的时候，如果内部发生了矛盾，一切可能注定将成为不可能。

就在禁烟运动取得初步胜利之时，道光帝盲目骄傲，下旨停止中英贸易。鸦片战争爆发后，定海失陷，琦善到广州，与林则徐反其道而行之。在英侵略者威胁利诱下，擅自签订割让香港，赔偿烟价六百万元的《穿鼻草约》，但他却把这一切都归罪于林则徐。

林则徐抗英有功，却遭投降派诬陷，被道光帝革职，“从重发往伊犁，效力赎罪。”然而这位英雄却忍辱负重，毫无怨言地踏上戍途。当与妻子在古城西安告别时，在满腔愤怒下写了“苟利国家生死以，岂因祸福避趋之”的激励诗句。这是他爱国情感的抒发，也是他人格的光辉写照。

在林则徐主张禁烟的时候，以琦善为首的弛禁派就抨击主张禁烟的

（鸦片战争）

大臣。琦善是鸦片弛禁派的代表人物，他认为鸦片输入过久，吸食者众多，根本禁止不了。于是极力为鸦片吸食者和走私辩解、张目，明目张胆地打击禁烟派，保护贪官污吏的利益。即使是在林则徐南下禁烟的过程中，以直隶总督琦善和军机大臣穆阿彰为首的弛禁派，一直都在千方百计地破坏禁烟运动。

鸦片战争开始后，琦善更是一味鼓吹“罢战言和”，主张向英妥协。随着战争的升级，英国舰队由香港一直打到天津。1840 年 8 月 11 日，英军抵达天津，并沿途留兵封锁中国沿海。惊慌失措的道光帝派琦善与英军谈判，琦善向英军赠送牛羊食品，犒劳敌军，并向英国侵略者保证对林则徐“重治其罪”，为侵略者“代伸抑”，完全颠倒了是非。而昏庸而又变化无常的道光帝，在敌人的威逼和投降派的煽动下，为了苟且偷

安，于国难当头的时刻反而罢免了林则徐，派琦善取代之。琦善到广州后屈膝求和，拆除工事，裁减水师，对报汉奸者，不仅不予以鼓励，反而斥为“汝即汉奸”。

就这样，当林则徐被罢官，当琦善取代他负责与英国进行谈判的时候，也预示着这位一心为国的民族英雄所领导的禁烟运动彻底宣告失败。

在清朝的历史上八天内八次召见同一大臣，皇帝连续在臣民面前给予其破格的待遇，这是绝无仅有的现象，在整个中国封建社会的历史上也是难于找到这样的先例。这种罕见的特例之所以发生，说明道光帝对禁烟的重视，也说明他对林则徐特殊的信任。但当英国殖民者威胁到他的统治地位的时候，他又可耻地选择了妥协。道光帝面对鸦片侵略的恶劣形势，从其主观意图上讲，当然希望得到制止，以维护其封建统治。但是从眼前的利益出发，他举棋不定，反复无常。一将无能累死千军，保住了眼前的利益，却引狼入室，祸患愈加猖獗，局面愈加危险，置国家民族于水深火热之中，更难自拔自救，造成历史的大悲剧。

就是在今天，当我们回想起这段历史的时候，可以想象，如果一个国家的统治者，包括统治阶层的大部分人，为了眼前的利益，而卑躬屈膝，颠倒黑白，纵然有再多的林则徐也无济于事。从这个层面上来说，林则徐和他领导的禁烟运动是多么孤独和凄凉。林则徐，他一个人（当然还包括一些爱国和主张禁烟的人，但这部分人只是少部分）的抗英战争，在内外势力的打击下，在英帝国的血腥侵略下，注定是不可能取得成功的。

面对强大的英帝国，如果抵抗注定要失败，而且损失也更为惨重，是否还应抵抗？这是个政治问题。一个出色的政治家不应是个盲动者，他考虑的首先应该是国家利益、人民的利益。尤其在国家尊严受损、民族存亡之时，一个民族需要竭力去捍卫其道德尊严和精神诉求。一个丧失斗志、甘受摧残、奴化的民族是一个可悲而低下的民族，也是最没有希望的民族。林则徐去了，这是大清王朝的悲哀和损失，更是民族的不幸，是华夏大地的不幸……偌大的国土，如此壮丽的山河却容不下英雄，致使狼烟四起，江河恸哭。

晚清帝国下民族的悲情

尽管在遭遇外敌入侵时，人民都进行了抵抗，但是在软弱的统治框架下，一切民族的抗争都显得苍白无力。他们以胜利者的身份品尝着失败者的苦果，以成功者的身份向失败者屈膝。于是他们愤怒着，一步步随腐朽的晚清走入历史的故纸堆里，留给后人无限的悲伤。

我们的近代史，就是一部可歌可泣的血泪史：西方的殖民主义者用坚船利炮炸开了中国的大门，向中国发动了一系列的侵略战争，大肆侵吞中国主权，蚕食中国领土，践踏中华民族尊严，强行将中国纳入西方殖民体系，变成其原料产地和销售投资市场，对中国进行了长达百年的欺压和掠夺。不过，对于不甘心被奴役的中国人来说，血泪史同样是一部抗争史，在中国近代争取民族独立的斗争中，中华民族面临着非常尴尬的局面。把魔爪伸向中国的是比中国先进几百年的西方列强，他们依仗着自己所拥有的现代物质文明和精神文明，给中国划下一道道伤口。

不论是19世纪上半叶英帝国的鸦片侵略，还是一百年之后日本帝国主义的蹂躏，我们的人民始终站在抗战的最前沿，书写了一部可歌可泣民族抗争篇章；相反，鸦片战争时期的清王朝，在面对列强的入侵和国内民众的抵抗，却始终摇摆不定，它所追求的始终是抽象权力，即对华夏的统治名义。起初，西方列强采取的是柔性政策。你不反对我，我就和平地跟你贸易。说是和平，实质上一直都是充满了威胁和恐吓，最好的证明就是鸦片贸易。但是你要是不听话，那我就只能拳脚相加。晚清是一个“扶不起的阿斗”，内部的腐败，尤其是领导阶层对权力的变态渴求，使得其把重心都放在了内部，对外却漠然视之，选择了苟且偷生。但在华夏大地上，几乎没有人能漠视西方列强对中国残酷的欺压和掠夺。

一个国家不管多么弱小，只要有抗争之心，民族团结，就一定不会灭亡，但有时候，统治者的意见和主张直接影响着民众的生死存亡。

当时的中国，在西方列强看来充满了诱惑。他们认为中国国土遍地黄金，于是一个个迫切地想来中国寻找他们的黄金梦。但那时他们的胆量并没有战胜他们内心深处的自卑，尚没有实力与当时世界上最为强大的东方大国相抗衡。可是若干年之后，距离之差大显不同。这个西方通过工业革命，实力猛增，而此时的大清王朝却已经腐朽不堪，却依然闭关锁国，做着天国之梦。

所以尽管在遭遇外敌入侵时，人民都进行了抵抗，但是在软弱的统治框架下，一切民族的抗争都显得苍白无力，他们以胜利者的身份品尝着失败者的苦果，以成功者的身份向失败者屈膝。于是他们愤怒着，一步步随腐朽的晚清走入历史的故纸堆里，留给后人无限的悲伤。

一、三元里人民的抗英战争

中华民族向来不是贪生怕死的民族。当国家和民族受到侵略时，无论对方如何强大，何等残忍，必然要遭到华夏民族的奋起反击。这一点在晚清时期反抗英帝国的入侵时就表现的比较明显。鸦片战争爆发后，华夏民族同仇敌忾，纷纷拿起武器，与残暴的英国殖民者展开了激烈的较量。

在反对英国人的斗争中，三元里人民的抗英斗争最引人注目。这场斗争，就如同一面旗帜，揭开了人们反对侵略的战争。

1841 年 5 月，也就是鸦片战争的第二年，英军为了报复中国的禁烟运动，同时也为了重启鸦片贸易之门，开始疯狂围攻广州，炮击广州城郊及城内。

在英帝国的坚船利炮面前，守城的清军官兵溃不成军，仓皇逃进广州城内，紧闭城门不敢与英军正面交锋。得势的英军军心大振，轮番炮轰，仅仅用了一天时间，就攻陷了广州城北的各个炮台。在此次战役中，清兵除少数战死外，大部分溃逃，拱手将各个炮台让给了英军，使其以四方炮台为司令部，居高临下控制了广州城。随后，清政府派主要代表，即道光帝之侄奕山在广州城内树起白旗投降，同时派广州知府余保纯全权代表向英方查理求和。

英军攻陷广州之后，强盗本性尽显，开始了四处掳掠，袭扰广州城郊各乡。很多人便在地方乡绅倡导下，举行联合会议，决定各级设大旗一面，共同抵抗英国殖民者的侵略。而在广大民众正积极组织反抗英国侵略的同时，清政府的代表奕山和杨芳却以“战不胜不如和”为由，后撤清朝驻军，张贴反战告示，压制民众抗英。

这时候经历了第一次鸦片战争的道光帝已经真切地体验到了英帝国坚船利炮的厉害，而自己的大刀长矛、红衣大炮在英军面前，就像小孩子玩过家家的游戏道具一样可笑。因此为了抱住大清可怜的残余江山，他选择了苟且偷生，打消了与英国对抗的念头，代价就是问罪于林则徐，然后割地赔款。

然而大清的子民不答应，华夏子孙不答应。面对大清政府的无能和一纸惨不忍睹的卖国条约，人民义愤填膺，决心用生命去捍卫国土，捍卫这个没落的封建王朝。好吧，朝廷不打，我们打。这就上演了历史上著名的三元里人民抗英战争。

1841 年 5 月 27 日，清政府与英订立《广州和约》，以支付英军赎城费、外省军队撤离广州等条件，换取英军交还炮台、退出虎门。但和约墨迹未干，英军就不断窜扰西北郊三元里及泥城、西村、萧冈等村庄，抢掠烧杀，奸淫妇女。与二战时的日军并无两样。

1841 年 5 月底的一天，三元里一个名叫韦绍光的菜农的妻子到庙里去拜神，正巧半路上遇到了从四方炮台上下来到三元里抢劫的一群英军。韦绍光的妻子相貌俊美，邻居都称她为“皇帝喜”，也就是皇帝看见她，也肯定会喜欢。英兵看见这么一个美人走在路上，怎么能不有所企图。然后不由分说，上前施暴，企图奸淫。

这时见状的旁人立即召集众人，怒吼着率领众乡亲向英兵扑过去，把英兵团团围住，锄头、铁锹、木棒都成为愤怒的武器，纷纷击向罪恶的英兵。结果当场打死 11 名英兵。

（三元里人民抗英战争纪念碑）

三元里村民狠狠教训了侵略者，附近群众无不欢欣鼓舞。他们估计到英军一定会寻衅报复，就自动聚集在三元古庙前商讨对策，约定以庙中黑底白边的北帝三星旗为“令旗”，对旗立誓：“旗进人进，旗退人退，打死无怨。”誓言表达了三元里村民同仇敌忾，血战到底的决心，他们还宣言：“不用官兵，不用国帑，自己出力，杀尽尔等。”周边乡村的地方士绅，以及本地有威望的人，都聚在一起组成了特别的领导小组，共商抗英保乡大计。但要对付顽敌，单靠一两个村庄的力量还不行，举人何玉成等发起，联络附近一百零三乡的群众代表，聚集于三元里北牛栏岗前，共商组织群众和战斗部署。

三元里是个有几百户居民的乡村，离广州城仅五里路，贴近泥城、四方炮台。村庄周边丘陵起伏，阡陌纵横，有利于用兵布阵。

5 月 30 日清晨，三元里和一百零三乡义勇约五千人，树起“平英团”的大旗，手持锄头、刀矛、鸟枪，浩浩荡荡地向英军占据的四方炮台进发。他们按照商定的计划，来炮台引蛇出洞。

正吃着早餐的英军，突然听见杀声震天，急忙报告司令官义律和卧乌古：“不好，清军杀来了。”卧乌古登上炮台观望，只见远处奔来的队伍服装各异，武器简单，刚刚吓掉的魂又收了回来，“哈哈！原来是一群老百姓，瞎起哄。”他集合英军，留下几个看守炮台，其余统统出动，准备痛歼反英群众。

侵略军疯狂般地扑向群众，“平英团”并不和敌人正面交锋，而是按照原定计划，佯攻速退，牵着敌人的鼻子来到牛栏岗。

（三元里人民抗英——英军逃跑）

敌人以为民众怕了，越追越猛。冲在前头的英兵追进一片稻田，田里灌满了水，行走不便，一望四周，山冈和丘陵环抱。卧乌古如梦初

醒，稍有军事常识的人都知道，只要四面设兵埋伏，就是插翅也难飞出。他边发急边安慰自己：这些乡民哪会玩弄战术。

英军正转身要跑，就听到锣鼓齐鸣，杀声震天。埋伏在牛栏岗的五六千名武装群众，犹如天兵天将，杀了过来。鸟枪、弓箭雨点般射向敌人，群众冲到跟前，用大刀、长矛打得敌人落花流水，溃不成军。

“轰隆隆”声声巨响，狂风骤起，雷雨大作。乡间土路，一经雨淋便成了稀泥，英军的皮靴在水中泡得又重又滑，走不了几步就要停下喘息。走惯了农田的农民，在泥泞道上追杀敌人，越战越勇。英兵有的被打死，有的被活捉，有的跪地求饶，不可一世的“海上霸王”一时威风扫地。

三元里一仗，打死打伤英军近五十人，并获得大量战利品。大捷的消息很快传遍四乡。31 日上午，广州附近的佛山、番禺、南海、增城、花县等县四百余乡的群众数万人，赶来与“平英团”会合。

这时，面对声势浩大的人民抗英队伍，很多人向奕山建议，出动清军主力，协助武装村民消灭英国侵略军，活捉英国全权大臣义律，使其下令让所有前来进犯的英军军舰退出广东海面。但是奕山不相信人民群众的巨大力量，坚决不同意出动军队。这时英国侵略军被人民军严密围困不得脱身，义律、卧乌古也对此无计可施，为了避免全军覆灭，义律花重

（抗英的三元里人民）

金密派汉奸混出包围圈，去广州威胁知府余保纯速来解围。

在信中义律威胁奕山说，你要是不设法解散民兵，这就证明他们的行动你是同意的。那么，别怪我们违背和议，炮轰广州城。一边又利诱奕山，表示如能解围，英军情愿撤兵上船，退出广州城郊，以后不再滋扰广州。

接到信的奕山慌忙派余保纯赶去，向三元里等地的绅民诱骗威吓，在清朝官吏的庇护下，英军才灰溜溜地逃脱重围。不久，在广州周边流传有民谣："百姓怕官，官怕洋鬼"；"官怕洋鬼，洋鬼怕百姓"。

但是在这场胜利的战争中，胜利的果实因为清王朝的妥协，也因为清王朝的腐败和无能而丢失。胜利者终以胜利者的名义失败了，而失败者却以失败者的名义得到了不该有的胜利。但三元里人民的抗英壮举，在早期反抗西方侵略史上的确书写了辉煌的一页，而其所体现的价值更富有了特殊的意义：

第一，打击了英帝国的嚣张气焰。英国侵略军依仗船坚炮利，横行中国海面，攻城略地，给中华民族带来深重灾难。而人民群众的奋起抗战，无疑是对英军有力的打击。

第二，体现了中国人不甘心受侵略、受奴役的民族精神。至少能说明，清王朝的卑躬屈膝并不代表人民一样软弱无能。

第三，反应了一个国家对富有智慧而又强硬的领导集团有着强烈的渴求。从另一方面也说明如此腐朽的统治集团，它的结局只能是灭亡。

二、台湾民众的抗日战争

和三元里人民抗击英军的战争相比，台湾民众的抗日战争要更为长

久，更为悲壮。割让台湾是清政府无能之举的又一体现，也是近代中国积贫积弱的惨痛教训。日军占领台湾的过程，也是台湾军民展现中华民族英勇无畏，流血保台的过程。

1894 年到 1895 年的中日甲午战争最终以北洋海军的全军覆没、清政府的惨败而告终。所谓胜者为王，败者为寇。作为战败国，清王朝和日本帝国主义签订了丧权辱国的《马关条约》，把台湾地区连同澎湖列岛都割让给了日本。

清政府将台湾地区割让给日本的消息传出后，激起全国人民的反对。许多报纸发出了“我君可欺，而我民不可欺；我君可玩，而我民不可玩”的呼声。各地的爱国人士和知识分子也纷纷上书，希望清政府能下令与东瀛倭寇血战到底，不能一味退让，以割地求和，以委屈求生存。

但是，对于没落的清王朝来说，当自己只剩下喘息的力气的时候，或者说当自己再也没有资本和能力来和别人讨价还价的时候，她也只能像娼妇一样出卖自己的肉体了。令人痛心，令人气愤。1895 年 5 月 20 日，当台湾巡抚唐景崧率在台官员“陆续内渡”，撤出台湾之后，标志着慈禧再也不认台湾，不认台湾岛成千百万华夏子孙了。

签订《马关条约》

笔者不知道用可悲来形容当时苦难的中国人是不是很恰当，

当“继母”将我们遗弃的时候，为了生存，我们只能靠我们自己。无论是随历史沉沦也罢，跃升也罢，命运只掌握在台湾人民的手中，而台湾人民显然没有失去中华民族几千年来的铮铮铁骨，他们在最后关头选择了改写历史。

台湾的民众开始组织起来自谋保卫台湾，在工部主事丘逢甲的倡议下，5 月 25 日台湾保台人士组织了抗日政府，定名“台湾民主国”，年号“永清”，寓含永远隶属于清朝之意；推举巡抚唐景崧为总统，丘逢甲为副总统兼抗日义军统领，驻台黑旗军将领、总兵刘永福为大将军。

“台湾民主国”成立后，台湾人民也纷纷组成“平倭团”，抗击日本侵略者。但是随着日军进攻的加剧，抗日的清军兵力日显薄弱，最后又由于“总统”唐景崧缺乏真正与“台湾共存亡”的决心，台湾民主国成立当天，便下令各官员在三天之内返回大陆，从而掀起了一场内渡逃跑风。日本大举进攻台湾地区的第七天，贪生怕死的唐景崧便躲进英国商船，逃回大陆。随着唐景崧的逃走，“民主国”不久即告解体，日军迅速攻占了基隆，不仅又攻占了台北。

台北沦陷和唐景崧等官僚阶层的逃跑，激起了台湾广大爱国军民的悲痛和愤慨。守卫台南的黑旗军首领刘永福得知这一消息后，十分气愤，发出联合抗日的号召，表示为保卫国土，“万死不辞，愿战到最后的一兵一卒”。坚守台湾的军民，共举刘永福为首领，领导全台抗日武装斗争。

日军的进攻越来越猛烈，新竹、宜兰沦陷后，日军继续南犯，徐骧等各路义军和刘永福率领的黑旗军对日军进行有效阻击，让日军深

刻领教了一番黑旗军的厉害。

（抗日名将黑旗军领袖刘永福）

1895年的8月28日，日军分两路进攻彰化城的时候，为了保护彰化城侧翼的安全，抗日将领徐骧、吴汤兴将部队驻扎在了八卦山。日军为了扫清障碍，对徐骧、吴汤兴的部队进行了偷袭。

当日军由僻静小道偷偷地摸到守军阵地背后时，面对突然发现的敌人，守护阵地的士兵相继跃出战壕，与日军展开了疯狂的肉搏战。但由于偷袭的日军人数较多，吴汤兴等众多将士都壮烈牺牲，就这样日军占领了阵地。就在这个时候，正在抗击西路日军的刘永福的下属吴彭年，在得知八卦山失守之后，立即率黑旗军敢死队火速赶到了八卦山，对日军进行痛击。而经过浴血奋战，吴彭年率领的黑旗军终于夺回了八卦山山顶阵地。然而几经争夺，八卦山最后还是没能保住。

可是在这个时候，不知道坐在北京皇城里的慈禧在声色犬马、纵情享乐的时候，会不会想到，她名义上的子民们仍在受苦受难，为了“养母”不值一文的脸面和尊严而流血呢？笔者以为慈禧一定不会在乎这些，因为这个将权势看得比自己的亲人还重要的老女人已经练就了铁石一般的心肠。

当彰化失陷后，黑旗军的领袖刘永福急派杨泗洪等人率黑旗军北上御敌，当地高山族人民也群起配合。经过近一个月的连续苦战，杀敌千人，收复云林，逼近了彰化。随着战争的深入，斗争越来越艰难。可以想象，日军有铁舰将武器弹药、后勤补给以及兵员源源不断地送过来，而对于坚持抵抗的中国人来说，台湾岛就像一叶孤独漂流在大海上的扁舟，没有充足的战争物资补给，没有战争需要的弹药，即使不战死，也要被困死。更令人气愤的是，在抗日军民缺饷缺械的关键时刻，清政府不仅不予接济，还扣留了刘永福派人到大陆募集的捐款以及武器、弹药供应，封锁了所有去往台湾的船只，使抗日军民无力再发动进一步的抵抗。

之后，随着台南的最后一道防线曾文溪被装备精良的日军攻陷后，日本正式控制了台湾岛。曾文溪失陷，台南成为孤城，刘永福率黑旗军被迫退回大陆。而战死沙场的著名将领临死前振臂呼喊出的最后一句话则是：“大丈夫为国捐躯，死而无憾！”既表达了不愿做亡国奴的中国人民固有的铮铮铁骨，同时也是对遥遥安坐在北京城的统治者的嘲笑。

一个不爱子民的统治者让所有国人伤心，一个自私自利只想着自身利益的统治阶层的命运只能是灭亡。温厚、善良的中国人几千年来都恪守着中华文明，都遵循着华夏民族的宽厚、仁慈和善良。善良的中国人，在面对外敌入侵的时候，不管统治阶层多么腐朽不治，即使是扶不起来的“阿斗”，但仍能然尽心尽力，希望她能富强起来。

一百多年前的1895年4月17日，台湾被出卖！《马关条约》的签订，不仅在台湾人民心中打下永恒的烙印，更是所有中国人的耻辱。丧权辱国的《马关条约》是日本帝国主义侵略中国的罪行录，也是清朝政府卖国投降的罪证。是清政府零售江山、出卖人民，在殖民化浊流中进一步沉沦的标志。该条约选摘如下，以警后代勿忘国耻：

第一款　清国认明朝鲜国确为完全无缺之独立自主，故凡有亏损独立自主体制，即如该国向清国所修贡献典礼等，嗣后全行废绝。

第二款　清国将管理下开地方之权并将该地方所有堡垒、军器工厂及一切属公物件，永远让与日本：

一、下开划界以内之奉天省南边地方：从鸭绿江口溯该江以抵安平河口，又从该河口划至凤凰城、海城及营口而止，画成折线以南地方。所有前开各城市邑皆包括在划界线内。该线抵营口之辽河后，即顺流至彬口止，彼此以河中心为分界。

辽东湾东岸及黄海北岸在奉天省所属诣岛屿，亦一并在所让境内。

二、台湾全岛及所有附属各岛屿。

三、澎湖列岛是英国格林尼次东经百十九度起至百二十度止，及北纬二十三度起至二十四度之间诸岛屿。

第三款　前款所载及粘附本约之地图所划疆界，候本约批准互换之后，两国应各选派官员二名以上，为会同划定疆界委员，就地踏勘，确定划界。若遇本约所订疆界，于地形或治理所关有碍难不便等情，各该委员等当妥为参酌更定。

各该委员等当从速办理界务，以期奉委之后，限一年竣事。但遇各该委员等有所更定划界，两国政府未经认准以前，应据本约所定划界为正。

第四款　清国约将库平银贰万万两交与日本，作为赔偿军费；该款分作八次交完。第一次伍千万两，应在本约批准互换后六个月内交情，第二次伍干万两应在本约批准：互换后十二个月内交清。余款平分六次递年交纳，其法列下：第一次平分递年之款，于两年内交清，第二次于三年内交清，第三次于四年内交清，第四次于五年内交清，第五次于六年内交清，第六次于七年内交清，其年分均以本约批准互换之后起算。又第一次赔款交清后，未经交完之款应按年加每百抽五之息。但无论何时，将应赔之款或全数、或几分，先期交清，均听中国之便。如从条约批准互换之日起，三年之内，能全数清还，除将已付利息或两年半、或不及两年半，于应付本银扣还外，余仍全数免息。

……

每一条不平等条约都像一把利刀一样划在了中国人民的心头。两亿两白银像无数座大山压得华夏子孙喘不过气来。另外，日军还从中国掠夺了大量的船只、兵器、机器、粮食等也价值一亿两。清政府当时的财政收入，一年不足九千万两。为了偿付赔款，除了加紧搜刮人

民外，只得大借附有苛刻条件的“洋债”，从而使西方列强通过借贷来进一步控制中国经济的命脉。

之后，西方列强借中国贫弱之际，加紧了干涉中国内政、践踏中国主权。西方教会势力也趁机而入，为所欲为。中国人民从此生活在了水深火热之中，中国的百年耻辱正式开始了……

权力女人——慈禧与晚清政府

慈禧是无辜的，在一定程度上不是她选择了清朝，而是清朝选择了她。她走进深宫大院，除了为生存而夺取权力，还能做什么？她不具有一个君主应该有的高瞻远瞩和魄力，却涉足了政治。长期受到封建文化，尤其是封建帝王文化的熏陶，她又怎么去引导数亿中国人走向新时代？所以笔者认为，封建王朝的灭亡是整个封建统治阶层的腐败，是时代所趋，而不是慈禧一个人的错。

1861 年，对于只有 27 岁的慈禧来说，应该是她人生当中最难忘的一年。这年 8 月 21 日的晚上，在位 11 年、31 岁的咸丰帝因病驾崩。也就是在这一年 11 月 2 日，慈禧联络恭亲王奕䜣在北京逮捕了肃顺等八大臣，发动了震惊世界的“辛酉政变”，开始了她长达 47 年的“垂帘听政”时代。

这个出生于普通道员家庭的“卑微”女人，主宰了大清王朝数十年。她从一个普通的皇妃，经过短暂的权力争夺迅速爬升至大清王朝

的权力巅峰。三度垂帘听政，两次决定皇位继承人，将国家命运玩弄于股掌之间，主导了中国历史的发展轨道，一步步带领大清王朝走向万劫不复的境地。她对帝王之术驾轻就熟，却对世界发展潮流置若罔闻，纵然能称得上是位女中豪杰，称得上是一位封建女政客，却没有力量去挽救中国的危局。她的一生充满了魔力色彩，让后人将其痛骂百年。其实生在封建皇家的她本身就是一种局限，她对权力的渴望，对封建王朝根深蒂固的认识，决定了她行将走过的道路曲线。

1861 年，8 月 22 日，咸丰帝病死于热河的承德避暑山庄。临死前，自知将不久于世的咸丰帝急忙传谕内廷大臣前来商议立皇之事。作为咸丰唯一的儿子，载淳成为唯一即位人选，然后由载垣、端华、景寿、肃顺、穆荫、匡源、杜翰、焦佑瀛八大臣尽心辅佐，暂管一切政务。而此时对于权欲熏心的慈禧来说，八大臣掌权，预示着自己将淡出权力核心，与封建最高权力擦肩而过。这是慈禧不能容忍的。熟读诗书的慈禧一直以来对历史上的权力女人顶礼膜拜，百般效仿。此时机会来到身边怎么就能轻易放过呢？但是她面对的是一个权力集团，是八大臣，而且这八大臣向来就是她的死对头。那么，为什么说这八大臣是慈禧的死对头呢？这要从慈禧入宫说起。

慈禧是满族镶蓝旗人，父亲惠征，曾任安徽徽宁池广太道道员。皇族宗谱记载是“叶赫那拉氏惠征之女”，乳名兰儿。在那拉家族中，慈禧被称为杏儿，所以又称叶赫那拉·杏儿。1851 年慈禧以秀女被选入宫，号“兰贵人”。因得咸丰皇帝宠幸，1854 年进封懿嫔。1856 年生子载淳，次年进位为“储秀宫懿贵妃”。1862 年同治即位，作为同治帝生母，这位时年 27 岁的先帝皇妃被称为“慈禧太后”。其中

（中间坐者为慈禧）

“慈禧”是由同治为其所上尊号。

慈禧既没有显赫的门第，也没有特别出众的容貌。在封建帝王的后宫内部，众多皇妃宫女无不美艳惊人，为了博取皇帝的欢心，后宫佳丽对容貌的保养都十分在乎。那么就是这位既无特殊背景，又无特殊出色之貌的年轻女人怎么就能获得皇帝的宠幸，又怎么能在后宫激烈的权力争夺战中一步步爬升到大清王朝权力的顶峰？她靠的是什么？

当年慈禧入宫的时候，不过是个第六等的贵人。这就意味着进宫后的慈禧必须身处下层，去应对后宫各种各样的权力挑战，而慈禧能在后宫佳丽中脱颖而出，靠的就是她能够工于心计，善使权术和谋略。慈禧知道后宫处处弥漫着浓浓的血腥之气，在未来的日子里，摆

在她面前的道路只有两条：一是竭尽其所能，获得皇帝的宠爱，在夹缝中求得生存；二是任人摆布，成为后宫权力倾轧的牺牲品。慈禧选择了前者。

所以，慈禧在进宫那天就开始就将登上权力巅峰作为自己为之奋斗的目标。紧接着她为自己制定了这样的几条战略：

一是努力接近咸丰帝，赢得咸丰帝的欢心。做到这点是很不容易的。所谓“伴君如伴虎”，即使是皇帝最宠爱的贵妃，也会一不小心就被打入冷宫。但慈禧向来机智聪明，惯于洞悉人性，善解人意，在博取皇帝欢心的同时也不忘打造自己的人脉网络，逐渐建立自己的权力体系。因此逐渐留住了皇帝的心。

二是以子牵制皇帝。皇子是皇族最大的财富，慈禧知道只凭外貌并不能确保皇帝的专宠。当时咸丰帝还没有一儿半女，所以慈禧想率先生子占得先机，“母以子贵”，凭借生子提高自己在后宫的地位。在这一招上，慈禧无疑又成功了。1856 年 4 月 27 日慈禧生下了皇子载淳，地位也得到了飞速提升。正如《清皇室四谱》记载：“（慈禧）六年三月生皇子，是为穆宗（同治帝）。旋诏晋懿妃，十二月行册封礼。七年十二月晋懿贵妃。”从第五级的嫔，到了第四级的妃，然后又到了第三级的贵妃，慈禧只用了仅仅一年的时间。

三是驾驭和“控制”皇帝。成为贵妃的慈禧并没有因得宠于皇帝就安然享受这份显赫的荣耀。她明白要稳固宫中重位，必须学会驾驭皇帝的权术，也就是要变妃离不开帝为帝离不开妃。于是慈禧在咸丰帝因为一些小事而懒于管理朝政的时候，总是找机会帮助咸丰帝批阅奏章，甚至有时候还向咸丰帝提一些朝政建议。原本就不怎么出色的咸丰帝这时好像小鱼碰到了蛟龙，对慈禧日渐依赖成习。这个年轻的女人在不露声色、谈笑风生之中，就将大清朝的最高统治者——咸丰帝牢牢掌握在自己的手中了。

然而慈禧如此明目张胆地干涉朝政，让朝中拥有实权的军机大臣和御前大臣极为不满，肃顺等人以慈禧破坏大清皇族清规，极力要求咸丰帝处死慈禧，但终因咸丰帝的干涉而未能实现。

咸丰帝一死，对于蠢蠢欲动的朝中权臣来说，正是铲除慈禧这个异己的大好时机。咸丰帝“托孤”之后，拥有实权的肃顺等八大臣严密控制着避暑山庄的一切事物。

智谋过人的慈禧并没有因此慌了手脚，她清楚地意识到，深居后宫的她没有任何外在的力量可以借助，与肃顺等八大臣明火执仗地争斗，等于是以卵击石。这时候的慈禧再次展示了她过人的智慧。

在咸丰帝驾崩后的第三天，慈禧和慈安共同召见了八位辅政大臣，商议和安排皇子继位等问题。面对以肃顺为首的八大臣的强硬姿态，慈禧一番阐释，不仅条理明晰，而且简明扼要，处处站在一个“理”上，连平素跋扈骄横的肃顺也一时无言应以对。这场没有硝烟的较量，以两宫太后的胜利而收场。

乘八大臣松懈之时，慈禧与咸丰帝的弟弟、八国联军进犯北京后留在北京收拾残局的奕䜣取得了联系。奕䜣以吊丧为由立即赶到热河行宫，商议政变计划。8 月 7 日，奕䜣回到了北京，大清王朝的这一场政变就这样在无任何先兆下实现了，就连肃顺等人都觉得好像是在做梦一样。

对于慈禧来说，这场政变只能成功不能失败，因为以肃顺为首的

八大臣是钦定辅佐幼帝的集体，具有政治上的合法性。任何人侵犯、剥夺八大臣的辅政权力，都是抗旨犯上，应被视为“乱臣贼子”。而慈禧呢，她虽然贵为皇太后，但作为一个女人，无论是在清王朝，还是在之前的历代王朝中，按照法律都是不应该过问政治的。武则天称帝后，尽管政绩斐然，将大唐帝业推向了辉煌的顶峰，但仍被后人横加指责。此时的慈禧很明白自己面临的压力，她所能够控制的唯一的力量，也是最大的王牌只有小皇帝载淳。要实现“挟天子以令诸侯”的目的，只依赖恭亲王的力量显然是不够的。要想与势力强大的肃顺等八大臣进行殊死的较量，她还必须扩大“群众基础”。于是慈禧又采取了一些策略。

（奕䜣）

第一，寻找中场的吹鼓手作舆论上的准备。慈禧知道，历朝历代都很忌讳女主临朝“垂帘”。自己要由幕后走到台前，代小皇帝临朝执政，首先必须有吹鼓手为自己鼓噪，做好舆论上的准备，让朝野上下形成一种太后垂帘的舆论气氛。最终，这个吹鼓手的重担落在了户部，掌管天下钱粮赋税的周祖培的得意门生——山东道监察御使董元醇身上。而董元醇不负重托，以《奏请皇太后权理朝政并另简亲王辅政》奏折吹响了太后垂帘的第一声号角。

第二，以退为进。慈禧阅览了董元醇的奏折后，自然大喜过望，因为这个“奴才”说的都是慈禧想说，但迫于政治形势而不能明目张胆说的话，有人为她说话，她自然非常高兴；相反，此时的八大臣却成了热锅上的蚂蚁，形势由利己转为利人，是他们万万没想到的，于是不等宣召，就闯入宫内与慈禧和慈安太后理论。慈禧这时已经对八大臣恨之入骨，但苦于八大臣的影响力，和八大臣对避暑山庄的控制，只能委曲求全。

1861年，11月1日，慈禧、慈安两宫太后达到北京，虽然旅途劳累，但慈禧并没有回宫，而是按照和奕䜣筹划好了的计划，假惺惺地当场向众人控诉八大臣欺侮孤儿寡母的行径。在奕䜣的配合下，博得了众人的同情。紧接着又在奕䜣的安排下，慈禧和慈安对八大臣下达了逮捕令。

在下达逮捕令的同时，慈禧又暗地里让文臣武将同时上了两道奏折。两道奏章的内容大同小异，都是请求两宫太后垂帘听政并支持亲王辅政。武将与文官为了自保，一时纷纷倒向慈禧这边。做完这些工作之后，慈禧开始签发通缉令，捉拿八大臣。最后载垣、端华、肃顺被斩，其他五位大臣都革职为民。

政变的实施只用了短短的三天时间，速度之快让八大臣没有任何反抗的机会，也让众多人惊叹不已——一个女人竟然有如此雷厉风行的权术，确实很不一般。就这样，年仅27岁的慈禧在恭亲王奕䜣的配合下，经过缜密的准备，发动了中外历史上罕见的宫廷政变，攫取了当时中国最高的权力。

当1840年第一次鸦片战争来临的时候，慈禧这个只有6岁的孩子并不为世人所知。然而仅仅过了16年，这个孩子已经成为亭亭玉立的少女，并成为咸丰帝最为宠爱的妃子。在第二次鸦片战争结束的第二年，她亲自导演发动了震惊中外的“辛酉政变”。第一次鸦片战争可能对慈禧没有什么影响，但第二次鸦片战争却给慈禧带来了巨大的震撼。就在她发动“辛酉政变”的前一年，英法联军，大举入侵天津，随后又侵占了北京，圆明园、清漪园等处惨遭焚掠。而她和咸丰帝则仓皇逃亡热河。逃亡时的狼狈和惊恐无疑加剧了她对帝国主义的忧虑之心。

因此，从垂帘听政的那一年开始，在慈禧的支持下，一场持续近30年的学习西方的改革运动在中国大地上轰轰烈烈地开展起来。如从西方国家引进先进的设备、办理合资企业、购买军舰和洋枪洋炮、建设新式海军等等。

应该说，经历了热河逃难，此时的慈禧比咸丰帝更加清楚英法联军的侵略对于清政府来说意味着什么，她也更加懂得一国之君在“数千年未有之巨变”到来之际所应该承担的责任。

这也许就是为什么慈禧那么支持洋务革新的主要原因吧。很多人认为，第二次鸦片战争之后，洋务运动是清政府一批上层官员如左宗棠、李鸿章等提出来的。比如以自强、求富为目标，从中央到地方，积极发展近代教育、近代军事工业与民用工业，建立近代的海陆军等等。但在慈禧掌握了国家大权之后，作为实际上的一国最高统治者，没有她的允许和支持，一切都是不可能实施的。所以笔者认为慈禧在骨子里还是一个反侵略的统治者。理由如下：

（《辛丑条约》签订后慈禧挟持光绪从西安回到北京）

一方面，慈禧也很痛恨外来侵略，和大部分中国人一样，慈禧也迫切希望政府能拥有有效抵抗外侮的能力和手段，使其权力得以稳固和持久。即使她不心疼受苦受难的国民，也会心疼自己的政权，这是慈禧支持改革的第一个动力。

另一个最重要的原因是，慈禧起初相信岌岌可危的清王朝，通过洋务革新，比如购买坚船利炮、采取富国强兵的措施是可以得以扭转颓势的。英法联军势如破竹的攻势，让她发现了自己的力量和外国人的差距，面对列强的坚船利炮她只有寻找到富国强兵、抵御外侮的途径，才能稳固她的统治。种种这些促使慈禧下决心批准众臣建议，在京城设置同文馆，开始学习英文、法文、俄文以及天文、算学等自然

科学知识。

但慈禧不是一个有着与时俱进思想的改革家。因为所有推行的洋务活动没有一项是缘于慈禧的建议，重要的是慈禧把洋务事业的支持都限定在不妨碍她的封建专制统治中：当洋务事业的发展局限在物质层面上，引进的属技术、器物，且以购买为主，有利于专制主义王权的加强时，慈禧就会大力支持；当洋务事业的发展必须进入到制度层面，甚至于文化层面，需要触动慈禧和慈禧赖以存在的既得利益集团时，慈禧便不再是洋务的支持者，而是终结者。

慈禧同中国历代多数帝王一样，把维护个人的绝对权威放在首位。当权力受到威胁时，她不惜发动政变，就像铲除以肃顺为首的八大臣一样，毫不留情。所以洋务运动从一开始就注定了只能是失败，它只是封建制度下一个畸形的产儿，本来先天就不足，后天又缺乏存活的优良环境。

最后，随着中日甲午战争中清政府的失败，洋务运动也宣告了破产。从始至终洋务运动都没有一个坚定有力的领导核心，力量显得极其分散和有限。只凭一颗引进技术和设备的改革之心，却没有注意到西方资本主义国家先进的制度建设。

慈禧从一个懵懵懂懂的少女，在充斥着政治杀气的皇宫中凭借自己独有的智慧登上了权力宝座。就慈禧个人而言，她具备了政治家的素养，起码具备封建王朝中政治家的素养。她能参透王朝政治的本质，在钩心斗角，争权夺利中为自己找出路。就大清王朝本身来说，清朝的灭亡并不是慈禧一个人造成的，所以慈禧不是罪人。在慈禧接手清王朝时，中国已经是千疮百孔了，晚清政府也已经接近了灭亡，但是慈禧还是把她延续了半个多世纪。大厦之将倾，怎么能怪罪于慈禧一人，她一个封建女人又怎么能力挽狂澜？慈禧是无辜的，在一定程度上不是她选择了清朝，而是清朝选择了她。她走进深宫大院，除了为生存而夺取权力，还能做什么？她不具有一个君主应该有的高瞻远瞩和魄力，却涉足了政治。长期受到封建文化，尤其是封建帝王文化的熏陶，她又怎么去引导数亿中国人走向新时代？所以笔者认为，封建王朝的灭亡是整个封建统治阶层的腐败，是时代所趋，而不是慈禧一个人的错。

如今清朝已经进入故纸堆，但是它留下来的一切却永远无法淡出人们的视线。无论是与它相关的中国的耻辱，还是与它相关的人，都成为华夏子孙永远翻不过去的一纸伤痛。

中法战争下的晚清风云史

正是因为这些原因，中法战争失败了，李鸿章也失败了。我们评价李鸿章，不需为他的失败辩解、掩饰、粉饰添彩，也无需大动肝火地指责他的种种错误，更无需很无聊地把他描写成没事就去取悦太后和皇上的媚臣，没事就与小女人嘻嘻哈哈的轻浮之人，没事就去遛鸟的闲臣。历史人物是背景，但不是陪衬；是事实，但不是面团。对李鸿章也是如此，要以真的事实为基础，而不单以个人的好恶和感情去妄待他。李鸿章是中国的文人与官吏，有中国文人与官吏的主要特征与缺陷，也有中国人的骨气、智慧、胆略、见识……

法国对越南的侵略野心由来已久。早在1787年，法国传教士百多禄就曾上书法国国王路易十六，建议占领越南并开辟一条通往中国内地的商路。但直到19世纪下半叶，法国的侵略还只局限于传教和商务方面。1787年，越南的传教士头目阿德兰区主教代表越南同路易十六签订了军事援助协议，准备恢复在越南的阮福映王位。这时法国国内政局动荡，法国国内革命致使这个条约告吹。即便如此阮福映集团还是得到法国的一些军事援助，1802年占领东京，建立了阮朝。阮福映于1808年称帝，同年被中国清朝册封为越南王，规定二年一贡，四年一朝。但是，阮朝建立不久，内部就危机重重。官吏豪强兼并土地、沉重的赋税杂捐、繁重的劳役、水利的失修，使人民穷困不堪。在阮朝严重危机的情况下，法国加紧了对越南的殖民化过程。

19世纪50年代后，拿破仑第三极力鼓吹在亚洲建立“法兰西东方帝国”，进一步加紧了对越南的侵略。1862年，法国发动了侵越战争，迫使越南与之签订《西贡条约》，割占了边和、嘉定、定祥三省及昆仑岛。1866年，法国侵略者派遣了一个以海军中校特格拉莱和上尉安邺为首的调查团，溯湄公河及其上游澜沧江而上，进入中国云南地区。他们发现澜沧江滩多流急，不宜航行，而越南北方的红河及其上游元江的航行条件要好得多，便建议法国政府占领北圻。法国侵略者公开鼓吹说：“法国必须占领北圻，因为它是一个理想的军事基地，由于有了这个基地，一旦欧洲各强国企图瓜分中国时，我们将是最先在中国腹地的人。”1867年，法军又攻占了永隆、昭笃、河仙三省，控制了湄公河三角洲。1873年11月，安邺指挥法军相继攻陷河内、海阳、宁平、南定等地。

越南政府邀请黑旗军首领刘永福率军协助越南抗击法军。12月21日，刘永福率黑旗军在河内城郊大败法军，击毙安邺，迫使法军退出红河，困守海防。越南国王授刘永福以三宣副提督之职。

1881年7月，法国议会通过了240万法郎远征北圻的军费案。1882年4月，法国海军上校李威利指挥法军再次进攻北圻，占领河

内。次年3月侵占南定。在越南政府的邀请下，刘永福再次率黑旗军开赴前线，于1883年5月19日在河内城西的纸桥附近设伏，痛歼法军，击毙李威利。越南国王授刘永福以三宣正提督之职。

（冯子材镇南关布防图）

法国不甘心在越南的失败。1883年5月，法议会又通过增加远征越南军费550万法郎和增派1800名侵略军的议案。法国总理茹费理继续鼓吹“必须征服那个巨大的中华帝国”。这年8月，法军兵分两路，一路由波滑率领，沿红河向黑旗军进攻，在怀德，丹凤等地遭到黑旗军的沉重打击。另一路由孤拔率领，攻入越南首都顺化，强迫越南与之签订了《顺化条约》，变越南为其殖民地。从此以后，法国便将侵略的主要矛头指向了中国。

将越南变为殖民地的法国，愈加飞扬跋扈，不可一世，无理要求清政府撤退驻扎北圻协越防守的清军；开放云南边界通商；召回刘永福的黑旗军，使得中法关系日趋紧张。在法军大举进攻越南，危及中国西南边疆的严峻形势下，清朝统治阶级内部却出现了两种争论不休的意见：一种极力主张对法宣战；一种则选择了苟且偷生，希望清政府能派人向法求和。主战者主要是驻法公使曾纪泽以及湘系官僚如左宗棠、刘坤一、彭玉麟等，另外以军机大臣李鸿藻为首的清流派，如张佩纶、张之洞、陈宝琛等也主战。他们认为就道义责任和利害关系而言，中国都应该出兵保护越南。第一，中越存在着历史上的宗藩关系，越南受到侵略，中国应该发挥宗主国的国威；第二，中越山水相连，唇齿相依，法国侵越，“非徒并越，而特欲以越为根脚耳。粤边之煤矿，滇中之金矿，无不垂涎”，所以中国保护越南就是为了“自固藩篱计”，“断无坐视之理”。

与主战相反的主和者是淮系官僚，主要代表是直隶总督兼北洋大臣李鸿章。他们认为中越宗藩关系不复存在，中国没有必要为越南“代为力证经营”。中国“各省海防，兵单饷匮，水师又未练成，未可与欧洲强国轻言战争”，对法议和，不过“伏边患于将来，”若与法国失和开战，“则兵端开于俄顷”，中国即使“一时战胜，未必历久不败；一处战胜，未必各口皆守”，从此“兵连祸结”，将国无宁日。

（曾国藩之子曾纪泽）

在主战主和两种意见影响下，清政府对法态度模棱两可，举棋不定，它一方面通过外交途径对法侵越表示抗议；派人秘密与刘永福联络，向黑旗军提供饷银、军械等，暗中助其抗法；密谕两广地方督抚：“目前办法，总以固守北圻为主，倘法人侵及我军驻扎之地，则衅自彼开，自不能不与接仗”。另一方面却又授权李鸿章，谋求与法

议和，再三谕令驻越清军“不可衅自我开，转滋口实”。

清政府这种和战不定，消极的态度并没有换来和平，相反进一步助长了法国侵略者的嚣张气焰。1883 年 12 月，法国议会通过了追加 2900 万法郎军费和 1.5 万名远征军的侵华方案。12 月 11 日，法军司令孤拔率兵六千，从河内出发，水陆并进，向驻扎在北圻山西的清军和黑旗军发起进攻，中法战争由此爆发。清军统帅、云南巡抚唐炯“弃军而逃”，黑旗军拒险与法军激战数日，以力单无援撤退，山西失守。1884 年 2 月，法国增援部队到达河内，由米乐接任法远征军司令。3 月，法军 1.2 万人分别由米乐和尼格里指挥，分兵两路会攻北宁。北宁南控河内，北蔽谅山，是清军经营一年有余的军事要地。清政府多次命令驻越清军全力守住北宁，阻遏法军向中越边境推进。但清军统帅、广西巡抚徐延旭“事前既疏于布置，临时复勇于溃退，敌犹未至，望风而遁。”谅江、郎甲等地失守。4 月初，西线战场上兴化、临洮、宣光等地也相继失守。

山西、北宁失守的消息传到北京，清廷大为震惊。慈禧以作战不力，严肃处罚了主战相关人员，启用重臣李鸿章，一步步向议和的道路上走去。

1884 年 4 月，法国海军中校福禄诺通过粤海关总税务司的德国人德璀琳，对李鸿章进行诱和，并威胁说，中国如不答应法国的议和条件，法国将增派海陆军进攻中国本土。清政府急于求和，屈从法国的压力，任命李凤苞为驻法公使，代替主战的曾纪泽，并授权李鸿章“通盘筹划”对法议和事宜。经过数日的谈判，李鸿章与福禄诺代表中法两国于 1884 年 5 月 11 日在天津签订了《中法会议简明条款》，又称《李福协定》，共五款。主要内容是：中国承认法国与越南签订的条约和法国对越南的殖民主义；中国无条件回撤驻越清军；法国不索赔款，但需要中国开通中越边境贸易口岸。三个月后，双方派遣全权大臣，制定详细办法。从此，法国打开中国的西南门户，走上了侵略中国的大道。

"法国不胜而胜，吾国不败而败"，这就是当时人对中法战争结局所作的评价。这种奇特现象，无疑是中外战争史上所罕见的。清政府在军事上正有转机的胜利形势下，竟甘于接受这样屈辱的条款，连法国人也感到意外。屈辱的近代史，让世人无不感到愤怒、无奈而又悲伤。

镇南关大捷后，形势对中国非常有利，可清政府却"乘胜即收"下令停战、撤军，急忙同法国代表签订了《中法新约》，使法国在战争失利的情况下仍然达到了预期的侵略目的。中国军队在北圻的军事胜利，为中越两国人民反侵略战争的最后胜利带来了光明的前景。然而，本来就是被迫宣战的清朝政府，这时不仅没有利用这种极为有利的形势，去争取战争的彻底胜利，反而把军事胜利当作求和的资本。李鸿章在谅山大捷之后就迫不及待地叫嚷："当借谅山一胜之威，与缔和约，则法人必不再妄求。"清朝最高统治者立即采纳，表示仍然愿意按照金登干与法国外交部政务司司长毕乐在巴黎已经谈妥的条件恢复和平。法国方面，军事失败和由此而引起的政局混乱，迫使它同样急切地希望按已经谈妥的条件终止战争，所以不待新内阁成立，便由总统授权毕乐于1885年4月4日与金登干匆促签订停战协定。

4月7日，清廷向前线各军下达定期停战撤兵令，规定：越南宣

光以东，4月15日停战，25日中国军队撤回，5月5日齐抵广西边界；宣光以西，4月25日停战，5月5日撤军，6月4日齐抵云南边界；台湾于4月15日停战。前线将士接到停战令后，莫不痛心疾首，不肯退兵。冯子材等致电张之洞，要求奏请清廷“诛议和之人”，表达了爱国将士对屈辱求和的卖国贼的无比义愤。张之洞、左宗棠、彭玉麟等也都极力反对撤兵。但清廷一意孤行，竟电告张之洞：“冯、王若不乘胜即收，不惟全局败坏，且孤军深入，战事益无把握；……著该督遵旨，亟电各营，……如期停战撤兵；倘有违误，惟该督是问!”就这样，前线军民浴血奋战赢得的胜利，被腐败无能的清朝统治者白白葬送了。

中法战争结束后，清政府深恐卓有功勋的黑旗军以越南西北部为根据地，继续抗法，或联合滇、桂人民反抗清廷。法国侵略者对黑旗军更是又恨又怕，声言黑旗军一日不离越境，法国就一日不交还澎湖。于是，清廷诱之以官禄，接二连三地催刘永福率部回国。在法国侵略者和清政府的威逼与利诱下，刘永福终于在1885年9月率3000人入关，次年被委派为南澳镇总兵。他所带回的黑旗军战士，最后仅剩下300人，90%被清政府逐次解散。

中法战争是由于法国资产阶级政府推行殖民扩张政策，进一步侵略我国邻邦越南，并企图以越南为基地，进而侵略中国引起的。中国为了阻止法国吞并越南和保卫中国领土而进行的反侵略战争，完全是正义的战争。从军事上说，中国军民在这次规模远比两次鸦片战争伟大的战争中显示了自己的力量，取得了胜利，使法国在“北黎事件”后一直坚持的“踞地为质”、索取赔款的企图终究没有能够全部实现。

可是，由于清朝政府怯懦妥协，最终造成法国“不胜而胜”，中国“不败而败”的结局，从而在中国近代史上产生了极为严重的影响。

首先，清政府在战争中所表现的软弱态度，进一步助长了早已垂涎中国的资本主义列强的侵略野心，以致边境危机愈益加重。其次，随着外国资本主义侵略的扩大，中国半封建半殖民地的社会性质日益加深了。中法战争以前，沿海各省虽已门户洞开，内地商埠则还不多；中法战争以后，到九十年代初，为外国开辟的商埠共有三十多处，不仅分布于沿海和长江两岸，也出现于内地和甘肃、新疆、蒙古、西藏等边远地区。根据《中法天津条约》，清政府还首次给予外国在中国修筑铁路的权利。这样，外国侵略者不仅控制了中国的海关和沿海、内河的航行权，而且控制了中国的陆路交通命脉。外国资本主义经济势力侵入中国广大地区和渗透到许多重要经济部门，使中国自给自足的自然经济遭到严重破坏。此外，中法战争的失败，外国资本主义对中国侵略的加深，以及清政府更趋反动和腐败，促使人们为改变自己国家的命运而寻找新的出路。于是，资产阶级改良主义开始汇合成为一种新的社会思潮，为后来的变法维新作了思想上的准备。

（晚清清兵出城）

在中国近代战争史上，除收复新疆之战以外，历次反侵略战争都遭失败，但就中法战争来说，军事上虽互有胜负，而最终胜利却属于中国军民。而这一战争的胜利，也充分说明了战争的成败包含着众多的因素，胜负之分不仅仅取决于装备的强弱，关键在于人，在于正义之师。

在这次中法战争中，像后来的抗日战争一样，人民的直接参与为战争的胜利提供了有力的保证。法国的殖民侵略，激起了中国人民的强烈愤慨。在整个战争过程中，中国人民发扬了反对外来侵略、支持正义战争的革命传统，英勇顽强地开展抗法斗争，这不仅在一定程度上限制了清统治者的妥协投降活动，而且沉重打击了法国侵略者的嚣张气焰。在法国殖民统治下的越南人民，愤于侵略者的暴行和民族败类的无耻行径，也纷纷起义，直接打击侵略者和依附法国殖民者的文武官员。战争爆发前，刘永福领导的黑旗军高举义旗，助越抗法，在纸桥、怀德、丹凤等战斗中屡创法寇，给中越两国人民以极大的鼓舞；同时，也推动了清统治集团中部分官吏积极提出抗法的主张，并最终促成了清朝政府的抗战。临洮战斗前后，云南农民军和越南各阶层人民数千人编列成营，参加赴越滇军序列，并肩战斗，开创了红河中上游反攻作战的有利局面。在保卫台北和东南沿海的历次战斗中，当地人民群众主动武装起来，英勇抗敌，加上沿海军民积极参加渡海援台的反封锁斗争，从而稳定了这一重要战场的防御态势，牵制了大量法军。特别是当法国侵略者进逼广西国境、民族危机十分严重的时刻，进一步激起了中国广大军民的抗法热情。在镇南关、谅山大捷过程中，边疆各族人民踊跃参战，给予冯子材军以积极支持，热情鼓励。越南人民也“争为耳目，敌人举动悉来报知，近自北宁，远至西贡，皆通消息”。冯子材在镇南关大捷前的两次主动出击，就是由于越南人民及时提供情报而先发制胜的。除直接参战外，人民群众的伟大作用还表现在其他各种形式的斗争方面，如全国各地风起云涌的反教会斗争；1884 年 9 月至 10 月间香港中国工人拒绝修理受伤法舰和搬运作战物资的斗争；以及旅居旧金山、日本、古巴等地的海外侨胞积极捐款等等，也都有力地支援了这次反侵略战争的进行。

（中法战争留下的痕迹）

战争结束了，给后人留下太多的东西去思考，解析历史能够启迪智慧。在晚清背景下的这次中法战争，里面的事件充满了中华五千年的精神精髓，而里面的人物则个个像谜一样令人费解。他们身上历史赋予他们各式各样的解读，但到底有哪一样才是他们真正的自己，只

有在与历史递进交流方能明白。

首先，李鸿章是不是卖国贼？我们教科书上的李鸿章到底是不是他的真脸谱？在很多人看来，清王朝在中法战争中的妥协行为是该受到谴责，而在谴责清政府腐败无能的同时，李鸿章自然成为主要的矛头。很多人都认为李鸿章才是这场战局结果的主导者，是彻头彻尾的卖国贼，而笔者却并不这样认为。

李鸿章能算得上是一位晚清的大人物，他的一生充满了戏剧性，他继承老师曾国藩的事业，开启了中国看世界的眼光，他是一个真正看世界的中国文人与官吏。他的看世界当然比林则徐来得伟大。林则徐也是看世界的文人与官吏，但他属于旧时代的文人与官吏，所以他所开启战争的目的是企图将外人全部驱逐出中国，最后却以失败告终。

李鸿章所要进行的事业是想让中国工业化，军事化，教育化，但他只成功了一半。中国确实在他的倡导下进步了，而且进步非常大。到 1890 年时，中国的实业和工业方面都领先于日本。

具体地讲，中国落后的根本原因在于落后的政治制度，这是李鸿章一个人无法改变的。第一，在当时慈禧一手遮天的晚清背景下，李鸿章有超人的为官之道，所做违背民意的一切无不是在为慈禧背黑锅；第二，国家和政局不稳，战争过于频繁，这不能怪罪于李鸿章一个人，晚清的没落是历史发展的趋势，也是统治阶级内部腐朽堕落所致，李鸿章不可能以卵击石，去挑战统治阶级的权力；第三，国民素质太低，受近代文明教育的比例很小，教育的内容还是两千年来的科举制，所以李鸿章所做的就是兴办西学，学习西方的现代化技术，先进的开放思想；第四，国民缺乏爱国热情，不是李鸿章能左右了的。在满人长期的统治中，汉人受够了压迫，不会真正替满人出力，一切唯满人的意志而决定。虽然当时地方武装力量也很庞大，但是能够号召全国的能力显然不够，更何况李鸿章，就是他倡导的实业也只能在北洋和南洋悄然进展；第五，晚清的腐败是整个士大夫和官吏阶层的腐败，再多几个李鸿章也没有用。

正是因为这些原因，中法战争失败了，李鸿章也失败了。我们评价李鸿章，不需为他的失败辩解、掩饰、粉饰添彩，也无需大动肝火地指责他的种种错误，更无需很无聊地把他描写成没事就去取悦太后和皇上的媚臣，没事就与小女人嘻嘻哈哈的轻浮之人，没事就去遛鸟的闲臣。

（李鸿章出使西方国家）

在这里面，李鸿章作为清朝俊杰，所做的功劳恐怕远远盖过他所犯过的错误。主要表现以下面四个方面：

一是建立了中国历史上的第一支海军。1885 年中法战争爆发，在短短的 40 分钟内，法国海军船队就把中国的南洋舰队消灭掉了。李鸿章便积极建议政府建设一支海军。政府同意后，他亲自主持这项工作。在他的积极操办下，短短三年时间，他就使中国有了一支现代级

装备的海军，而且并不太逊色于其他国家。

现代海军部队成立后，李鸿章更是像对待他的儿子一样严格管理，亲自拟定《北洋海军章程》，其中有这样的规定："海军舰艇官兵不得到岸上住宿，只能在舰艇上居住"。而且军舰上的所有官兵必须是经水师堂严格培训，经过几轮筛选之后才能担任。这真正保证了技术含量。这在晚清腐败之风盛行的情势下显得多么难能可贵。

二是以更新武器装备为起点，以训练改革为重点，推行军事近代化进程。第二次鸦片战争不久，李鸿章在上海参观了英国人的现代装备部队，也近距离见识了西方列强的强大军舰。之后李鸿章多次乔装成平民，四处暗访、调查西方列强军队的情况，收集军事装备情报，然后下定决心要武装自己国家的现代武装。一年后，他建立了炮队，并且在他的淮军中雇佣了大量的外国教官，指导训练。这一改革使淮军的战斗力大为增强。

三是引进与自制结合，创办近代军事工业。建立强大的军队，武器装备的供应最为关键，然而当时清政府连年战争，国库空虚，购买装备显得力不从心，只有依靠本土资源，自我建造，才是可取之道。为此，李鸿章先后创办了金陵制造局、江南制造局等各种近代军事工业。这些军事工业生产出来的轮船、枪炮、弹药，为现代军事装备的发展奠定了坚实的基础。

四是创办近代军事学校。这是李鸿章一生最大的贡献。技术的竞争、金钱的竞争、甚至武力的竞争，说到底是人才的竞争，李鸿章自然明白，所以他积极办学，支持人才的委派。一方面，他选送可塑之才出国学习，如当时的现代水师舰长都有留学英国的经历；另一方面，建立新式军校，如创办著名的天津水师学堂。这所学校主要培养炮船、快船和铁甲舰所需的技术人才。而天津水师学堂的建立，也被称为是“开北方风气之先，立中国兵船之本”的大事！不论是对清王朝，还是对整个中国近代，都算是一座具有纪念意义的里程碑。

李鸿章是中国的文人与官吏。有中国文人与官吏的主要特征与缺陷，也有中国人的骨气、智慧、胆略、见识。我们应该把他作为中国人的一部分，去理解他，去批评他，去赞扬他，也要去爱护他，纪念他。对待历史人物，不能以现在的眼光去强求他要达到某个高度，如果达不到的话，就将之贬得一无是处。这是一种历史虚无主义的态度。历史人物是背景，但不是陪衬。是事实，不是面团。对李鸿章也是如此，一定要以真的事实为基础，而不单以个人的好恶和感情去妄待他。

日本军国主义留在中国人心头的千年伤痛

七十多年前，一场惨绝人寰的战争由日本军国主义者发起，八年里在中华故土上遍燃战火，饱经沧桑的中华民族再一次伤痕累累，因而这一场战争也成为中国亿万人民挥之不去的沉痛记忆。翻阅血淋淋的历史事实，缅怀那些在战争中逝去的无数无辜生灵，缅怀那些为了正义和解放事业奉献了热血和生命的战士。缅怀过去，仅仅是为了保留一段真实的历史。我们反对任何掩盖和歪曲历史的错误行径，以正国际视听，使经历过二战的人不要忘记过去，使新一代了解历史真相。

民间流传着这么一个小故事，说是一个农村的孩子在回家的路上看到了一条被遗弃的小狗，顿生怜悯，便把它带回了家。因为小狗长得奇丑无比，所以孩子的父母都极力反对他收养，但是他坚持要小狗留下来，并悉心照顾。多年后，小孩长大成人，为了挣钱养家进城打工，结果被人杀害抛尸。这条小狗仅凭嗅觉苦苦追寻主人的下落，历尽千辛万苦，终于在黄草丛中找到主人的遗物，最后一步步找到主人早已腐烂的尸体，使得执法人员顺利破获了案件，也为收养小狗的这位小孩报了仇。

与此相反的则是另一则寓言《农夫和蛇的故事》：

一个农夫在寒冷的冬天看见一条冻僵了的蛇，觉得它很可怜，便把它拾起来，小心翼翼地揣进怀里，用身体的温度救活了这条蛇。但这条蛇却在苏醒后恢复了其恶毒的本性，用他尖利的毒牙狠狠地咬死了它的恩人。

在现实生活中，有比狗还懂得报恩的君子，也有比那条毒蛇还狠毒的小人。但是单纯的一个人也就罢了，要是一个民族都是那条蛇，那就是一群残忍的毒蛇。而一条蛇犯下一宗罪并不可怕，可怕的是一群毒蛇整体犯罪。而这群毒蛇就是所谓的大和民族。

1923 年 9 月 1 日，日本关东地区发生 7.9 级强烈地震。地震灾区包括东京、神奈川、千叶、静冈、山梨等地，造成 15 万人丧生，200 多万人无家可归，财产损失达 65 亿日元。这个时候中日甲午战争发生了不到 30 年的时间。善良的中国人，这时也不顾自己身处困境，纷纷向日本政府伸出了援助之手。当时的北洋政府专门组织了赈灾救济委员会，并拿出库银 20 万两用于救灾，同时政府还下令暂免食品、服装、药品、卫生材料等出口日本的关税。就连著名的京剧艺术家梅兰芳还专门为此组织了赈灾义演。在上海、北京、江苏、浙江等一些地方也都有自发地开展了大型的募捐活动。如果是一个懂得感恩的民族，应该会更加铭记于心，最起码不会以怨报德。

（1923 年 9 月 1 日，日本关东地区发生 7.9 级地震）

大地震不仅摧垮了人们的肉体，也几乎摧垮了人们的精神。幸存下来的人惊魂未定，这时有关各种政治谣言又开始在灾民间传播。影响力最大的是“日本社会受虐待的中国人、朝鲜人要趁震灾这一千载难逢的良机反击日本人”。谣言导致很多人开始相信中国人、朝鲜人要趁机发生暴动，而谣言的始作俑者就是日本政府。其为了转移民众对政府救灾不力的愤怒而编造的谎言，以此来转移民众的关注视力。就在这种谎言的遮掩下，日本政府通过紧急敕令发布了戒严令，出动军队和警察开始大肆逮捕、屠杀在日朝鲜人和中国人。

其实这些还远远不足以说明日本民族的本性。大和民族对别国金钱、土地等的觊觎早在很多个世纪前就已经根深蒂固。然而苦于其贫穷落后、势力不如人，而未敢轻举妄动越江河于半步。可是中国在经历了道光年间的衰败之后，这个庞大的帝国再也不像往日那么辉煌，昔日天朝的国威被两次鸦片战争横扫的荡然无存，颜面在周围的番邦面前也再没有曾经的光彩。于是让这个曾经在中国身旁徘徊了几千年的小国终于有了一次超越和挑战的机会。

这时，日本国内的明治维新运动让卑微、脆弱的日本国力迅速上升。有了一些资本的日本终于再也抑制不住几千年来压制在心底的那股征服别国的野心，于是迫不及待地向外挑起了战火。1873年，日军开始侵略台湾；1875年，日本人强迫中国的藩属国琉球与清朝解除册封关系；1879年，日本公然吞并琉球，改名冲绳县；到1894年，日本人在中日甲午战争中击败清朝，彻底改变了近两千多年来的中日力量对比。

相比于其他小规模的战争，甲午海战对中国和日本都有着刻骨铭心的意义。甲午海战前夕，日本人面对着中国这个几千年来的强劲对手，做了最全面的动员和最坏的准备。为了扩充军队，日本从1890年就拿出60%的国家财政收入，来建立和发展西式海陆军。当时，中国北洋海军2000吨以上的战舰有7艘，共27000余吨；而日本海军的战舰在2000吨以上的仅有5艘，共17000吨。日本政府以超过北洋海军为目标，把添置速射炮和购买最新的巡洋舰，作为发展海军的重点。1892年，日本提前完成了自1885年就开始的十年扩军计划。

次年2月，明治天皇又决定以6年为期，每年从宫廷经费拨出30万日元，再从文武百官的薪金中抽出十分之一，补充造船费用。到甲午战争前夕，日本已经建立了一支拥有63000名常备兵和23万名预备兵的陆军，并拥有排水量72000多吨的海军舰只，总吨位大大超过了北洋海军。此外，日本参谋部还不断派遣特务间谍潜入中国，窃取

（致远舰部分官兵）

中国政治军事情报，秘密绘制了中国东北和渤海湾的详细地图，做好了发动大规模侵华战争的准备。

然而清政府在这时却依然做着天国美梦，在西方列强的压制、胁迫下苟且偷生；统治阶层继续过着集体堕落、腐化的生活；每天依旧在日渐崩盘的天国大厦里为了个人的权欲和金钱欲钩心斗角。慈禧虽然在1886年由“垂帘听政”改为“训政”，进而于1889年“归政”光绪皇帝，但这个嗜权如命的女人始终不肯彻底丢弃手中的那根权杖。为了巩固自己的权力，慈禧将上自中央下到地方的实权，假以他名都集中在自己的手中，使官僚基层形成了一个庞大的慈禧集团。而手握实权的慈禧在这时候生活愈加腐败，为了满足自己的私欲，大兴土木，指示地方官僚搜刮民脂民膏。尤其在北洋水师顺利建成之后，慈禧仰仗西式武装力量更是愚昧地认为大清王朝再也不畏强敌，愈发有恃无恐地贪图享受，将原来用于海军购买舰艇的经费挪用给了慈禧太后修建养老的颐和园。

而这时，年轻的光绪皇帝虽然贵为皇帝，身为一国之君，却没有一点实权，一直是慈禧手中的傀儡和权力工具。纵然他很希望通过改革内政和重整武装力量，积极备战，抵抗外来侵略，可没人呼应，就如同痴人说梦。于是，就这样北洋海军自1888年正式成军后，再未增添任何船只，1891年以后又停购任何枪炮弹药，成了一支聋哑的西式武装、大清王朝向愚人显摆的摆设。这样到中日甲午战争前，北洋海军不仅在总吨位上落后于日本舰队很多，而且舰龄老化，行动迟缓，火力也极差，缺少快舰和速射炮，已在总体实力上与日本舰队相去甚远。就这样，这个风光了几千年的庞大帝国为自己挖下了葬身的坟墓，战争还未开始清政府的失败就已经成为定局。最后北洋水师的全军覆没，给中国、也给晚清在历史上书写了浓重的一笔奇耻大辱。

相反，日本之所以能在甲午战争中一举击败号称亚洲第一的中国，除了当时日本的政治制度优于清王朝（日本当时是君主立宪制国家，已经实行了资本主义，而中国仍然是落后的封建制度），占据制度优势外，另一个重要的原因，就是日本大和民族作为世界上最为团结的民族之一，最具大局意识，他们的动员能力要比当时的中国强得多。

比如，在中国漫长的封建社会里，中国人一直都被认为是保守而温顺的民族，不到万不得已不会造反，但中国朝代更迭之频繁已经无不证明中国人在本性上还是一个好动的民族，虽然历经古老的儒家思

想的教化，遵从三从四德，可人性内心深处的自我主义却要比任何的其他民族都要浓烈，而日本却恰恰相反。纵观日本的发展史，日本王朝数量之少可见一斑。日本民族的服从意识之所以异常发达，主要与日本异常发达的封建制度有关。由于日本封建等级制度之森严，任一国家都望尘莫及，使得日本人长期被牢牢禁锢于一个“铁桶般”的体制当中，叛逆意识和自主意识被消磨殆尽。

（甲午海战时的中国军舰）

在甲午海战中，日本海军的头号功臣战舰“吉野号”，是当时英国为清王朝制造的，可当时正值慈禧六十大寿，下面的人为了给慈禧祝寿，私自挪用购买军舰的军费，这对一直急于扩充武力的日本人来说，这无疑是个大好机会，于是倾全国之财力购买此舰，皇太后甚至捐出了自己的首饰。日本商人和民间发起了“‘吉野号’募捐会”，最后日本人如愿以偿地买到了“吉野号”。

而在战斗打响后，当慈禧还沉浸在六十大寿的喜悦中时，日本皇族倾巢出动，天皇御驾亲征，将大本营从东京迁到了广岛；为了标榜其破釜沉舟的决心，他甚至每天只吃一顿饭，以此来节省财力物力，为这场战争贡献力量。而清朝政府则在开战后只派两支舰队——北洋水师和南洋水师抵御外敌入侵，结果两支让慈禧很得意的水师相继落败，但清政府却未调集一兵一卒前往支援。

日本历史学家升味准之辅分析说，即使李鸿章指挥得当，奋勇还击，也会落败。纵然中国拥有正义之师，可由于统治者是一群败类，致使中国在这场师徒之争中一败涂地。

日本划在中国人心头的第二道伤痕是抗日战争。日本侵略者自1931年“九·一八事变”侵吞中国东北后，为进一步挑起全面侵华战争，陆续运兵入关。到1936年，日军已从东、西、北三面包围了北京。从1937年6月起，驻丰台的日军连续举行挑衅性的军事演习。

（卢沟桥事变，日军敌机大轰炸）

7月7日夜，卢沟桥的日本驻军在未通知中国地方当局的情况下，径自在中国驻军阵地附近举行所谓军的事演习。并诡称有一名日军士

兵失踪，要求进入北平西南的宛平县城（今卢沟桥镇）搜查，被中国驻军严词拒绝，日军随即向宛平城和卢沟桥发动进攻。中国驻军第29军37师219团奋起还击，进行了顽强的抵抗，拉开了全面抗日战争的序幕。

后来人们习惯于将“卢沟桥事变”作为抗日战争的开端，实际上，从1931年9月18日的“九·一八事变”开始，中日两国就已经进入战争状态，日本先后占领了中国东北三省、上海市，以及热河、察哈尔两省，至1937年扩大为全面侵华战争。所以真正意义上的抗日战争是从1931年到1945年，长达十四年之久。

1931年7月23日“九·一八事变”前夕，蒋介石发表《告全国同胞书》，号召“攘外必先安内”，“故不先灭赤匪，恢复民族之元气，则不能御侮；不先削平粤逆，完成国家之统一，乃不能攘外”。

1931年9月18日，日本驻关东司令部趁张学良的东北军主力部队参加中原大战之机，由司令本庄繁亲自策划，破坏了沈阳附近的柳条湖的一小段南满铁路，然后诬蔑为中国国民革命军所为，于是连夜向沈阳北大营的国民革命军发起进攻，“九·一八事变”爆发。驻防沈阳的中国东北军参谋长荣臻、张学良奉蒋介石的“不抵抗”命令，严禁所属部队抵抗。尽管张学良的所属少数作战部队未服命令仍率部进行了反击，但为数不多的武装力量最终不能战胜日军，翌晨全城即告陷落，抵抗的武装力量在缴械之后大部分被屠杀。

事变两个月内，日军占领中国东北三省诸多主要城市，除在黑龙江遭到马占山部等的强烈抵抗之外，并未遭受重大损失。“九·一八事变”后，中国东北民众自发组织了大量东北抗日义勇军抵抗日本军侵略，这些抵抗得到了关内民众的同情和声援。1932 年 2 月，日本在东北建立满洲国，其傀儡领导人就是清朝末代皇帝爱新觉罗·溥仪。然后他们以日满亲善大使作占领东北的借口，以继续进行侵略。

（中国军队奋起抵抗日军的进攻）

十四年的抗日战争给中国带来了沉重的伤痛，而那些似乎依然历历在目的日军在华大屠杀，让整个中华大地顿时血流成河，哭声四起，最令人发指的事件如：

一是南京大屠杀。亲历和目睹“南京大屠杀”的人健在的已经不多，能作见证的人更是少之又少，后来的人也只是通过当时的新闻报道记载，以及遗留下来的老照片而缅怀这些惨死的同胞们。这个中国历史上空前的惨案是中国人民谁都不能遗忘的。作为后人，有责任把“南京大屠杀”这件在第二次中日战争中最突出的惨绝人寰的日军罪行，告知后人，向否认、歪曲事实的日本人民予以警告，以对祖先，以儆子孙，更是为在“南京大屠杀”中冤死的 34 万同胞申冤。

1937 年 12 月 13 日，日军进占南京城，在华中方面军司

令官松井石根和第6师团师团长谷寿夫等法西斯分子的指挥下，对我手无寸铁的同胞进行了长达6周惨绝人寰的大规模屠杀。

日军占领上海后，直逼南京。国民党军队在南京外围与日军多次进行激战，但未能阻挡日军的多路攻击。1937年12月13日，南京在一片混乱中被日军占领。日军在华中方面军司令官松井石根指挥下，在南京地区烧杀淫掠无所不为。

12月15日，日军将中国军警人员2000余名，解赴汉中门外，用机枪扫射，焚尸灭迹。同日夜，又有市民和士兵9000余人，被日军押往海军鱼雷营，除9人逃出外，其余全部被杀害。

16日傍晚，中国士兵和难民5000余人，被日军押往中山码头江边，先用机枪射死，抛尸江中，只有数人幸免。

17日，日军将从各处搜捕来的军民和南京电厂工人3000余人，在煤岸港至上元门江边用机枪射毙，一部分用木柴烧死。

18日，日军将从南京逃出被拘囚于幕府山下的难民和被俘军人5.7万余人，以铅丝捆绑，驱至下关草鞋峡，先用机枪扫射，复用刺刀乱戳，最后浇以煤油，纵火焚烧，残余骸骨投入长江。令人发指者，是日军少尉向井和野田在紫金山下进行“杀人比赛”。他们分别杀了106和105名中国人后，“比赛又在进行”。

在日军进入南京后的一个月中，全城发生2万起强奸、轮奸事件，无论少女或老妇，都难以幸免。许多妇女在被强奸之后又遭枪杀、毁尸，惨不忍睹。与此同时，日军遇屋即烧，从中华门到内桥，从太平路到新街口以及夫子庙一带繁华区域，大火连天，几天不息。全市约有三分之一的建筑物和财产化为灰烬。无数住宅、商店、机关、仓库被抢劫一空。“劫后的南京，满目荒凉”。

（日军屠杀中国俘虏）

后来发表的《远东国际法庭判决书》中写道：“日本兵完全像一群被放纵的野蛮人似的来污辱这个城市”，他们“单独的或者二、三人为一小集团在全市游荡，实行杀人、强奸、抢劫、放火”，终至在大街小巷都横陈被害者的尸体。“江边流水尽为之赤，城内外所有河渠、沟壑无不填满尸体”。

日军20万分六路逼向南京，一路屠城奸淫，屋舍成墟，人烟绝迹。这是一种什么样的场面？真得令人不敢想象。蒋介石的卫队中央军官学校教导总队的郭岐营长于南京沦陷后三个月逃出，在他

著作《陷都血泪录》中他写道:“有人说兽兵刚进来头三天总是放枪奸淫烧杀的……结果过了一礼拜不见停止，过了三个月仍不见停止!”另一位教导总队的士兵营长钮先铭，在其所著之《还俗记》中，描述他化装成和尚搭京沪火车脱险，在车厢内的情景：“当时京沪沦陷已半载有余了，日军为了确保他们的统治权，宪兵当然已不便在公共场所明目张胆地杀人，……在鬼子宪兵监视下，我不敢过分地东张西望；因此我又收回了我的视线，闭上眼帘，一只手搓着颈项上所挂的佛珠子，以作念佛状。”而另一位文化人李克痕在其《沦京五月记》中描述日军侵占南京几月后写道：“近来日兵奸淫妇女的事，在白天虽少有见到，但在晚间仍多得很。我女同胞行大街上，日兵见之即趋前阻拦，借检查为名，遍摸全身，百般调戏，任意玩弄，但也只好忍辱含羞，听其胡为，否则，刺刀举起，立刻戳死，故在白天，大街上没有一个妇女的影子。”

仅此还不够，中华民族在经历这场血泪劫难的同时，中国文化珍品也遭到了大掠夺。据查，日本侵略者占领南京以后，派出特工人员330人、士兵367人、苦工830人，从1938年3月起，花费一个月的时间，每天搬走图书文献十几卡车，共抢去图书文献88万册，超过当时日本最大的图书馆东京上野帝国图书馆85万册的藏书量。南京大屠杀惨绝千古人寰!

二是对中国发动细菌战。731部队是日本侵华期间公然违背国际公法，以实施细菌战为目的，在中国建立的一支集生物战研究生产实践于一身的特种部队。

731部队始建于1932年，最初在哈尔滨市宣化街，对外称“关东军防疫给水部”，亦称石井部队。1936年，根据日本天皇的密令，在哈尔滨和长春分别组建秘密细菌部队，石井部队受命迁驻于哈尔滨市南郊二十公里的平房。1941年8月改称“满洲第731部队”。该部所在的平房地区，占地30多平方公里，是当时世界上规模最大的细菌工厂，归属日本陆军省、日军参谋本部和日本关东军司令部双重领导，下辖8个部队、4个支队，同时配备由关东军和各兵团指挥的支队，拥有细菌专家、科技人员3000余名，配有培植生产细菌及微生物的设备，设有关押试验对象的监狱、细菌炸弹工厂和野外试验场、专用航空队与机场、特种靶场等。

（日军南京大屠杀的罪证）

731部队疯狂地研制细菌武器，大量培育与繁殖感染力强、传染迅速、死亡率高的鼠疫、霍乱、伤寒、炭疽、赤痢等病菌及散布细菌的寄生虫，并惨无人道地用活人进行名目繁多的细菌试验，常见的有：细菌注射、染菌饮食、毒气释放、冻伤治疗、真空环境、细菌弹

及火焰喷射器杀伤力等。凡接受上述种种残酷实验的人，一经治疗痊愈，就不免再受接二连三的实验，直到折磨死为止。最为残忍的是活体解剖试验。据原第731部队一个队员揭露说：一天，一个中国少年被送到解剖室。几个日本军医一齐扑过去，扒光他的衣服，把人按倒在手术台上，用扣带将四肢紧紧扣住，然后强行消毒，注射麻醉剂。待这个小孩失去知觉后，日本军医就将他的腹部划开，按肠、胰腺、肝、肾、胃的顺序取出各种内脏。接着，又将小孩的脑袋锯开，取出大脑。然后，将这些东西分别投入装有福尔马林溶液的大容器中。最后手术台上，只剩下少年的四肢和一具空壳身躯。731部队将实验用的活人统称为“原木”，意即可裁割的整体材料。“原木”均由日本宪兵队“特殊运输”，每年约五六百人，包括中国抗日志士、无辜百姓及苏联人、朝鲜人。据原731部队细菌生产部长川岛清供认，仅在他们“驻平房五年时间内，通过这个工厂，因染受致命细菌而被消灭的至少有3000人。”

（日军731部队遗址）

日军在侵华战争陷入相持状态后，于1940年下半年起开始在中国大量使用细菌武器，先后在宁波、常德、川浙赣、晋冀鲁豫和晋绥边区等地，散播细菌或投放带菌的昆虫和杂物、毒化水源，丢撒染菌

（日军侵华暴行）

食品，制造病疫，致使数十万中国民众丧生。

1945 年日本战败后，731 部队为了掩盖其对人类犯下的滔天罪行，将细菌战的主要设备和资料偷运回国，杀戮了最后一批用作实验的人员，自行炸毁了全部建筑设施，销毁了几乎所有实验用品和资料，最后将染有鼠疫菌的老鼠放出，使得平房地区大批居民死于鼠疫。

三是三灶岛万人坟。1938 年农历正月十七日，日军 6000 多人在

今日珠海市三灶岛莲塘湾登陆，随即在三灶岛进行大屠杀行动，2891名村民被杀害，另外有3500多人饿死。日军还在这里将由朝鲜、中国台湾和横琴等地抓来建飞机场的3000多名民工秘密杀害。1945年日本战败投降，逃亡外地的三灶岛民陆续返回岛屿，并收拾死难同胞的尸骸，投入乱葬岗内。1948年由当地华侨和港澳同胞筹款修建了万人坟。

（日军侵华罪证）

四是重庆大轰炸。重庆大轰炸指中国抗日战争期间，由1938年2月18日起至1943年8月23日，日本对战时中国陪都重庆进行了长达五年半的战略轰炸。据不完全统计，此段期间日本对重庆实施轰炸超过二百次，出动九千多架次的飞机，投弹一万一千五百枚以上。重庆死于轰炸者一万以上，超过一万幢房屋被毁，市区大部分繁华地区被破坏。

除此之外，日军在中国大地上犯下的滔天罪行还有太多太多，比如慰安妇事件，比如化学战，还比如在中国很多地方实行“三光政策”制造无人区等等。

七十多年前，一场惨绝人寰的战争由日本军国主义者发起，八年里在中华故土上遍燃战火，饱经沧桑的中华民族再一次伤痕累累。因而这一场战争也成为中国亿万人民挥之不去的沉痛记忆。如今回顾这场战争，我们并不仅仅是为了怀念它，而这样沉重的历史怎么都翻不过去。翻阅血淋淋的历史事实，缅怀那些在战争中逝去的无数无辜生灵，缅怀那些为了正义和解放事业奉献了热血和生命的战士；缅怀过去，仅仅是为了保留一段真实的历史。

中日两国人民必须不断揭露日本军国主义的侵略罪行，反对任何掩盖和歪曲历史的错误行径，以正国际视听，使经历过二战的人不要忘记过去，使新一代了解历史真相。然后奋发图强，以强烈的责任心筑起民族辉煌的未来。

历史阴云挥之不去——义和团运动

“扶清灭洋”的口号模糊了义和团对清朝统治者的认识，从而让群众增添了对清王朝的幻想，麻痹和消弭了群众的反清革命意识，丧失了对清政府的警惕性，也使得清王朝利用义和团，压制、歪曲运动的健全发展，将义和团一步步推向万劫不复的境地。最终义和团在运动中大受破坏，在为统治阶级当炮灰的同时，还受尽残杀，最后死无葬身之地，可悲、可怜、可叹。

对于义和团运动，在现代很多人除了在中学课本上了解过一些，其他的想必都知之甚少。历史课本上的几句简单的评语，几乎能倒背如流，却看不到多少历史真面目，对其评价也仅是一知半解，不能做到历史的客观公正。现在回过头去重新审视一下一百多年前那个发生着剧烈变化的年代。

当年义和团运动中发生的“教案”，并非单纯的利益冲突，也并非单纯的政治争斗，而是中西思想冲突，中学和西学的争斗。当时的中国人指责洋人的宗教宣扬“无君无父”，还有妇女若是信教则被视为“伤风败俗”之事。比如1875年元月，荆州教案，旗营妇女诵经，被其夫逼杀。

中国古代文化与西方宗教文化的对立是造成后来仇洋情绪泛滥的根源。除此之外，当时人们的无知和愚昧也是造成这种敌视情绪的重要因素。比如通过自己的想象虚构一些现在看来极其荒谬的“洋鬼子罪行”，如在《反洋教书文揭帖选》有：

> （洋）银必取中国人睛配药点之，而西洋人睛罔效，故彼国人死，无取睛事，独中国人入教则有之。……（洋人）能咒水飞符，摄生人魂与奸宿，曰神合。又能取妇女发爪置席底，令其自至。取男童女童生辰粘树上，咒之，摄其魂为耳报神，……甚或割女子子宫、小儿肾子，及以术取小儿脑髓心肝！

《庚子记事》中有：

> （北京西什库教堂）墙壁，具用人皮粘贴，人血涂抹，又有无数妇人赤身露体，手持秽物站于墙头，又以孕妇剖腹钉于楼上，故（义和团）团民请神上体，行至楼前，被邪秽所冲，神即下法，不能前进，是以难以焚烧。又兼教堂有老鬼子在内，专用邪术伤人，固难取胜，反多受伤。

在当时广为流传的义和团揭帖中记载的类似控诉洋教的文字还有很多，尽管亲身接触，切身受过现代科学教育的人们不相信这些揭帖，但当义和团开坛做法，作为普通百姓，人们还是深信不疑。

义和团运动于19世纪90年代后半期起源于山东和直隶（指北京周边地区），以“练拳”为名组织起来，主要针对外国人开展行动，如攻打教堂，反洋教等。1898年10月下旬，外国教会强行拆毁了玉皇庙，于是，赵三多在冠县蒋家庄聚众祭旗起义，攻打当地红桃园等教堂，揭开了义和团运动的序幕。随后义和团运动迅速兴起，宛如滚雪球般从山东发展到直隶，波及半个中国，并于1900年夏进入北京。据史料记载：

（义和团士兵）

1900年1月，慈禧不顾西方外交人员的抗议，发布维护义和团的诏令。直隶总督裕禄于是由剿灭义和团，转变成扶助义和团。除了向团民发放饷银外，裕禄还邀请义和团的首领大师兄到天津开坛聚众。于是山东的拳民涌入直隶。由天津至涿州、保定都有拳民起坛请神、烧教堂、杀洋人、杀清军、并到处毁坏铁路及电线杆等洋物。涿州知府更被三万名拳民占据。慈禧派军机大臣协办大学士刚毅和顺天府尹赵舒翘到涿州调查。结果刚毅回京后，向慈禧报告“拳民忠贞，神术可用”。朝中庄亲王载勋、端郡王载漪、辅国公载澜亦主抚义和团，向洋人开战。

5月28日，英国全权公使窦纳乐觉得使馆区有危险，要求泊在大沽附近的17艘外国战船增援。337名外国水手及陆战队员于5月31日登岸，乘火车于当晚抵京，防卫使馆区。另外89名德国及奥国陆战队员于6月3日抵京。

6月9日，慈禧调董福祥的武卫后军进城，驻扎在天坛和先农坛附近。董军中不少士兵参加了义和团。

6月10日，端郡王载漪出任总理各国事务衙门大臣。义和团拳民于同时开始大举入京，最多时北京的拳民超过十万。是日起，北京外国使馆对外通讯断绝。

6月11日，日本驻华使馆书记杉山彬被刚调入京的清兵甘军所杀，被开腹剖心。驻天津的各国领使组织二千人的联军，由英国的海军司令西摩尔带领，乘火车增援北京十一国公使馆。因为铁路被拳民破坏，西摩尔受阻于天津城外的杨村、廊坊一带，与清兵及义和团展开战斗不利，退回城中，致使第一次试图解除清兵和义和拳民对公使馆的围困失败。该战事被清政府及义和团认为是一次抗击外敌的重大胜利，并被命名为“廊坊大捷”。

6月13日，义和团进入内城，当天烧毁孝顺胡同亚斯立堂、双旗杆（今外交部街西口外）伦敦会、八面槽（王府

井）天主教东堂、灯市口公理会、东四五条西口的美国福音堂、交道口二条长老会、鼓楼西鸦儿胡同长老会、西直门内天主教西堂、西四羊肉胡同基督教堂、石驸马桥安立甘会、宣武门内天主教南堂共11所教堂。有3200名天主教徒逃入（有42名法兵占据）天主教北堂，2000多名基督教徒逃入东交民巷的使馆区。拳民在北京放火烧掉教堂和一切与西洋有关的事物。

（义和团围攻北京外国使馆）

6月16日，前门一带约千家商铺因老德记西药房大火而被烧成废墟，正阳门楼、北京24家铸银厂也遭烧毁。拳民同时四处破坏教堂攻击教民，庄王府前大院被当成集体大屠杀的刑场。除了屠杀教民外，义和团更滥杀无辜，诬指许多市民（包括许多妇女小童）为白莲教而烧死戮死，如据当时目击者记载："乡民适趋市集，七十余人悉絷以来；伪饰优伶冠服儿童戏物，指为白莲教；下刑部一夕，未讯供，骈斩西市。有妇人宁家，亦陷其中，杂诛之，儿犹在抱也"；也有被公报私仇而杀者，如扶持义和团的庄亲王载勋、端郡王载漪的好友副都统神机营翼长庆恒一家大小十三口因被寻仇于七月初被全部杀害。而义和团民的不同派别也互相武斗残杀。义和团、京师禁军和甘军也肆意奸杀妇女，不计其数。除了屠杀奸淫外，义和团及清军也掳掠洗劫商户平民，并将赃物公开拍卖。当时的权贵之家也不能幸免，如吏部尚书孙家鼐、大学士徐桐的家都被抢掠，徐桐（时年八十）更被义和团民拖出批斗。是日慈禧召开御前会议后，一度发出勒令解散拳民的上谕。

6月17日联军攻占大沽口炮台。慈禧收到此消息的同时，得到虚假情报，以为外国要求她归政于光绪。慈禧态度作出一百八十度转变，转为支持义和团及向洋人开战。命刚毅、载漪、载勋、载濂、载澜统领义和团，载勋任步军统领九门提督。

6月20日，德国驻华公使克林德代表各国前去总理衙门要求保护，途中被清兵伏击（由于克林德曾经枪杀义和团众，此次行为被认为是报复），酿成战争的导火线。

6月21日，清政府以光绪的名义，向英、美、法、德、意、日、俄、西、比、荷、奥十一国同时宣战。

如果说义和团运动从一开始就是单纯的民间运动的话，好好练你的拳，与政府也没什么关系，即使偶尔反一反腐败者，也许不至于落到后来的悲惨境地。但他们很不幸，他们最终被权力人士所利用，卷入了一场政治风波，并且成为这场政治风波的牺牲品。

起初的义和团受到清朝政府当局的镇压，可后来却被统治阶级委以重任。那么，是什么让统治阶级在后来那么看重义和团？

（义和团军巷战后的北京城）

光绪二十四年（1898年）戊戌变法失败，慈禧通过不流血政变重新实行训政，将大清王朝的权力紧紧握在了手中。但是面对光绪皇帝屡屡违背自己的意愿，慈禧心里十分不痛快，认为光绪帝是一个不听话的麻烦制造者，随时都会威胁自己的权力，于是想到了废掉光绪，另立新君。谁知光绪人缘极好，各国公使都喜欢开明的光绪，所以慈禧的打算招致各界严重不满，各国公使联合起来反对，慈禧只得作罢。光绪二十五年（1899年）十二月二十四日，慈禧召集群臣，再次试图废光绪，立端郡王载漪之子为皇子。然而两天后，上海电报局总办经元善纠集1200余人联名发电，极力反对废立光绪，并且称"各国有调兵干预之说。"这时候的慈禧已经对不听话的光绪忍无可忍，决心要将其废立。然而洋人的枪炮又使她十分畏惧，就在这时时，一样被权力迷昏了头的端郡王向其推荐了义和团。他在慈禧面前说义和团刀枪不入，不畏洋枪洋炮，义和团的神话也就从此快速远扬。

义和团在山东巡抚毓贤的纵容下攻击教会，残杀教徒和传教士，惹的外国公使向清廷兴师问罪。清廷只好罢了毓贤的官，将其召回京城，然后派袁世凯去当山东巡抚。袁世凯到了山东后对义和团进行了血腥镇压，致使当地拳民纷纷逃往直隶京津一带。而这时的山东原巡抚毓贤到了京城，开始向王公大臣们大肆吹嘘义和团的“壮举”，将其一步步神话，说他们个个刀枪不入。这样才有了后来的众多守旧分子向慈禧推荐义和团一说。光绪二十六年（1900 年）五月，慈禧派军机大臣赵舒翘等前往涿州、良乡宣抚义和团。该月二十日深夜，有人送了一份洋人的照会给荣禄，要求慈禧立刻归政于光绪。二十三日，清廷召开会议，决定宣战。后来慈禧才发现原来那份照会是假的，是端郡王为了让自己的儿子当皇帝所使的激将法，但为时已晚。次日，德国公使克林德在北京崇文门大街被戕，清军及义和团围攻东交民巷使馆及西什库教堂。二十五日，清廷正式下诏与各国宣战。

六月起，义和团大规模进京，尽显强盗本性，进行烧杀抢掠。不仅杀害传教士，连信了教的中国人也全都杀害。七月十五日开始，义和团进攻聚集在宋家河的三千多名教民；三天后陈泽霖又带 2500 名新军加入；到二十日，义和团用炸药包炸毁围墙攻入，杀死了所有做最后抵抗的修女，然后对困在教堂中的 1000 名男女老少施以焚烧。当时只有 50 人从窗口逃出，加上被陈泽霖带回北京的、被义和团卖

为奴隶的、夜间逃出的，只有500人幸存。

义和团称传教士为“毛子”，教民为“二毛子”，“通洋学”、“谙洋语”、“用洋货”等人被依次称为“三毛子”、“四毛子”等，凡为“毛子”全部在杀害之列。因为其仇视一切带有“洋”字，与“洋”人有关的东西，所以有用洋物者“必杀无赦，若纸烟，若小眼镜，甚至洋伞、洋袜，用者辄置极刑。曾有学士六人仓皇避乱，因身边随带铅笔一支，洋纸一张，途遇团匪搜出，乱刀并下，皆死非命。”甚至有“一家有一枚火柴，而八口同戮者……”。对开明官绅，维新派人士，义和团更是变本加厉地进行残害，并扬言要“拆毁同文馆、大学堂等，所有师徒，均不饶放”。

因为义和团手上有所谓的“圣旨”，属于“奉旨造反”，所以其威势无人能匹，破坏程度，令人咋舌。

义和团的衰亡可以说从一开始就注定了，他们“刀枪不入”的神话在一支临时拼凑起来的约20000人的“八国联军”面前彻底破灭了。可笑的是，八国联军已经打来了，义和团却还仍然热衷于烧教堂、杀教民的运动，甚至于为了报私仇，天津的义和团还从背后攻击正在抵抗八国联军的清军聂士诚部。最终，这场运动以签订《辛丑条约》告终。四亿五千万两白银，压得中国人喘不过气来。但是对义和团的评价，后人不能仅仅看表面现象，也不能单纯地从他们的所作所为去说其是“土匪”，或者说“爱国人士”，评价他们需要充分认识其两面性。

首先，义和团运动是发生在帝国主义时代、半殖民地半封建中国的一场农民反帝爱国运动。这是根本不变的性质，他们有其这样那样

（义和团被清廷处决）

的局限性，但爱国的性质是后人无可否认的。当时，帝国主义的侵略给中国带来了毁灭性的破坏，大量商品的倾销，打碎了中国的“手织机”，摧毁了中国的“手纺车”，严重地破坏了中国社会经济所固有的农业与手工业的结合，农民因此丧失了土地，无家可归，手工业者因此陷于破产的境遇。特别是沿海、沿江地区的社会和它原来古代传统的全部过去历史断绝联系。毛主席指出：“帝国主义列强侵入中国的目的，绝不是要把封建的中国变成资本主义的中国。帝国主义列强的目的和这相反，它们是要把中国变成它们的半殖民地和殖民地。”所以，这场运动一开始矛头就集中指向外国侵略者，指向洋人，提出“扶清灭洋”的主要政治口号。当然，这一口号缺乏科学性，但同时也反映出华夏民族和西方列强已经不可调和的矛盾发展到十分尖锐的程度。而这种矛盾的尖锐性正好被慈禧之类权力熏心的人士所利用。

其次，义和团在仇视、反对帝国主义的侵略过程中，笼统排外，甚至仇视一切带有“洋”字，与“洋人”有关的东西，处在当时的社

会环境中，还是可以理解的，由于当时中国政府闭关锁国，西方列强刚刚入侵中国，中西思想正在碰撞时期，中国的农民还不能够正确认识外国侵略者帝国主义的本质，不能认清资本主义制度（西方现代思想）和侵略者的区别，准确地说他们的盲目是社会的局限所致。而他们所认识的资本主义是在中国大地上横行霸道、无恶不作的西方侵略者，以及那些别有用心、用思想侵略中国的传教士。大部分深入中国大小城镇，乃至穷乡僻壤的传教士，都在干一些不为人知的勾当，这些人成为直接压迫农民们，侵害农民利益的披着羊皮的狼，所以他们才进行了几乎是变态式的反帝、反洋运动。这种运动虽则有一定的狭隘、落后、盲目性，但反抗侵略是具有正义性的，绝不是帝国主义所宣称的“黄种人仇视白种人”、“中国人仇视欧洲文明”。

列宁在《中国的战争》一文中这样说道：“是的，中国人确实憎恶欧洲人，然而他们究竟憎恶哪一种欧洲人，并且为了什么呢？中国人并不是憎恶欧洲人民，因为他们和欧洲人民并无冲突，他们是憎恶欧洲资本家及被资本家驯服的欧洲各国政府。那些到了中国只是为了赚钱的人，那些利用其被赞颂的文明只是为了欺骗、掠夺、暴行的人，那些对中国作战只是为了获得贩卖毒害人民的鸦片权的人，那些伪善地以传播基督教来掩护掠夺政策的人，中国人能不憎恶他们吗？”列宁的话正是对谎言的彻底反击。慈禧起用这群长期被封建思想控制的人，注定了他们的在运动中的一切错误行为。

第三，在义和团运动的整个过程中，义和团打着“扶清灭洋”的口号，其中“扶清”这里并不能说就是指扶保清政府，而是指扶保中国。一方面这是一场以统治阶级支持的反帝运动，另一方面当时的农民阶级，各种政权意识和国家意识十分淡薄。由于各种封建因素的制约，使他们很难将“朝廷”和“国家”两个概念区分得很清楚，如义和团告示中有这样的文字：“扶清灭洋，替天行道，出力于国家而安于社稷，佑民于农夫而护村坊。”可见，义和团明显地具有朴素的爱国主义思想。当然，义和团的揭帖中也有这样的话，“先拆电线杆，后拆火车道，杀尽外国人，再与大清闹”。这也就是说义和团在中华民族面临生死存亡时考虑的还是先反帝，然后再反封建。“扶清”只是打的一张政治牌，为了争取当时统治阶级的支持，可他们万万没想到这样做却是在给自己挖坟墓。

“扶清灭洋”口号模糊了义和团对清朝统治者的认识，从而让群众增添了对清王朝的幻想，麻痹和消弭了群众的反清革命意识，丧失了对清政府的警惕性，也使得清王朝利用义和团，压制、歪曲运动的健全发展，将义和团一步步推向万劫不复的境地。最后义和团在运动中大受破坏，在为统治阶级当炮灰的同时，还受尽残杀，最后死无葬身之地，可悲、可叹、可怜。

后来诸多名人对义和团都有很多评价，如邹容在其著作《革命军》中说：

> “有野蛮之革命，有文明之革命。”“野蛮之革命有破坏，无建设，横暴恣睢，知足以造成恐怖之时代，如庚子之义和团，意大利加波拿里，为国民添祸乱。”

鲁迅在《因太炎先生而想起的二三事》中说：

（八国联军模仿清军的方式处决义和团）

“清光绪中，曾有康有为者变过法，不成，作为反动，是义和团起事……”

蔡元培在1916年说：

“满洲政府，自慈禧太后下，因仇视新法之故，而仇视外人，遂有‘义和团’之役，可谓顽固矣。”

李大钊在他著名的宣言性论文《东西文明根本之异点》（1918年7月1日）中说：

“时至近日，吾人所当努力者，惟在如何吸取西洋文明之长，以济吾东洋文明之穷。断不许以义和团的思想，欲以吾陈死寂灭之气象腐化世界。”

虽然这些人都是后来“五四运动”之后的精英，但他们同样犯了一个错误。他们在西学的熏陶下成长，却未曾用客观的角度去看待义和团的“起事”。在笔者看来，公正、真实地对义和团的评价应该具备以下三个要素：

第一，义和团行为固然是对西方文明向西方以外传播的非理性的反作用，他们是在堂吉诃德般地维护腐朽的旧制度、旧文化，但他们的行为还是具有爱国主义因素，哪怕这种因素非常有限；

第二，义和团行为实质上是那些保守的清朝当政官员制造的灾难。他们被以慈禧为代表的晚清权力政客所利用，而他们本身没有文化，对西学几乎一无所知，致使成为被人运作的工具；

第三，要正确理解、评价义和团运动必须按当时的社会现实和国家背景为准，不能单纯地拿现在的眼光武断。当时的中西思想碰撞是难以避免的，帝国主义对中国的侵略也必然会激起民众的反抗，只有义和团走在了前面，而他的阶级局限性是他彻底失败了。

总之，义和团运动没有能挽救中国，这是其开始就已经注定了的结果，他的暴行无论在什么时候都不应该用任何手法去掩饰，因为那毕竟是历史，但是其本身的爱国主义也同样不能被抹杀，重新审视中华大地上那一段真实的历史事实，无疑对中国的崛起是有很大的意义的。

八国联军——翻不过去的中华耻辱

有人说，八国联军是一场以微小的力量保护各国使馆人员安全的正义斗争——这种掩人耳目的理由无疑是苍白而空洞的。回望历史，关于八国联军的侵略和野蛮的烧杀抢掠行为，令人发指而罄竹难书。4 亿 5 千万两白银的战争赔款，对北京皇城、衙门、官府的大肆掠夺，对大量中国文物和文化遗产（包括故宫、颐和园、西山以及圆明园）的偷盗、抢掠、破坏都是前所未有的。没有人能忘记，祖宗也不愿意我们忘记。

1900 年 5 月 20 日，为了镇压中国国内轰轰烈烈的反帝斗争，任各国驻华首席公使的西班牙公使葛络干，召集了有英、法、德、意、美、俄、奥、日、西班牙、葡萄牙、比利时各国公使参加的 11 国驻京公使团会议。法国公使毕盛煽动各国立即调兵前来直接屠杀“造反”的中国人。英国公使窦纳乐提出更为狡猾的方案，就是“先礼后兵”，也就是说，各国联合对清政府施以强硬压力，让清政府立即镇压和取缔义和团，如果清政府不同意的话，再派军队进行武装镇压。窦纳乐的方案得到了各国公使的同意，因此 1900 年 5 月底，英、美、德、法四国公使先后照会清廷，限令清政府在两个月内剿灭义和团，否则将直接出兵干涉。

清政府接到 11 国公使发来的照会，大臣们一个个心惊胆战。由于两派意见无法统一，不能给列强“满意的答复”。以后，各国公使天天去总理衙门大吵大闹，慈禧在他们的压力下，同意各国调兵来京“保护使馆”，但人数不许超过每国使馆 30 名。

（联军头目在日本公使馆）

列强无视清政府的要求，5 月 31 日，由英、法、俄、美、意、日等国组成了 336 名侵略军，从天津出发然后侵入北京。6 月 2 日，56 名德国侵略军和 20 名奥地利侵略军也随之侵入北京——这是八国联

军第一批侵入北京的先遣队。这时，各国开始继续向中国派出大部队。到6月2日，天津大沽口外的各国军舰已有24艘。

第一批侵略军进入北京后，联军的后续部队不断从大沽口登陆。6月9日前，进入天津租界的八国联军已达两千多人。6月9日，英国驻京公使窦纳乐发了一份电报给英国驻大沽口海军司令西摩尔，让他立即率领部队进入北京增援先头部队。西摩尔接电后，在两小时之内就从大沽乘船沿白河向天津进发，当天就抵达天津。同日，即在天津召开了各国驻津领事和海军司令联席会议，讨论夺取天津城，并由铁路侵入北京。

经过细心的谋划，这股列强军队由英国西摩尔海军中将为统帅、美军麦卡加拉上校为副统帅，组成联军于6月10日早晨由天津向北京进发。6月10日清晨开始，西摩尔率领的八国联军2000多人，分几批乘坐五列专车由天津前往北京。

西摩尔联军出动的消息传到北京，激起了很多人和部分清军的强烈愤慨。京津各地义和团立即奔赴铁路沿线阻止侵略军的北进，清朝董福祥的甘军则控制了北京的火车终点站，义和团扒掉铁轨，搬走枕木。

由于沿途铁路被毁，迫使西摩尔乘坐的第一列火车只得边修路边前进。他们在24小内才前进了3英里。6月12日下午，侵略军挣扎到廊坊附近，西摩尔指挥军队抢修被拆毁的铁路，结果被赶来的民兵和清军围困在廊坊车站。6月14日清晨，西摩尔指挥联军打算突围出站继续北上，却遭到中国军队发动猛烈攻击，双方又发生了一场激战。

西摩尔率领的这支2000多人的侵略军，使用的是近代洋枪洋炮，从6月10日到26日，在半个月时间里却被中国军民打死62人，打伤228

人。但因为武器落后，在这次战斗中，中国武装被西摩尔联军杀死的有好几百名。不可否认，中国人民的抗击意义重大，就连西摩尔自己也承认："如果中国人所用的武器是近代枪炮的话，那么我率领的联军必定会全军覆灭。"

（八国联军总指挥，英国远东司令西摩尔）

西摩尔被困于廊坊车站后，聚集在大沽口外的列强联合舰队为了解救西摩尔，便发动了对大沽口的进攻，目的是占领这个京津的桥头堡，打通京津的道路。八国联合舰队为决心攻下大沽炮台，先后集中了三十多艘军舰，联军攻陷大沽后，分兵向新河、北塘、天津等地进犯。

对于列强军队的进攻，6 月 21 日，清政府以光绪的名义，向英国、美国、法国、德国、意大利、日本、俄罗斯、西班牙、比利时、荷兰、奥匈帝国等 11 国同时宣战。

6 月 17 日大沽陷落后，大批侵略军登陆向天津杀来。这期间，天津周围的义和团也一批批向天津集结。6 月 21 日，联军数千人从大沽向天津进发，当时铁路被义和团破坏，军舰又进不了海河，只得步行跋涉。他们一出塘沽就遇上前来复仇的群众，大批义和团赶来，迫使他们边行军边打仗，直到 23 日才到达天津租界，而且也付出了死伤二百多

（联军部队在大沽）

人的代价。

到达天津的各国联军遭到了强烈阻击。天津战役犬牙交错地进行，双方既攻又守处处都是战场。6月末到7月初，八国联军向天津大举增兵。6月30日，联军在大沽登陆达14000人，以后又不断增兵，7月上旬天津已有各国军队两万余名。7月初，直隶总督裕禄召开了义和团和清军联席会议，统一部署了围攻天津租界的战役。不论男女老少、士兵平民，都投入了攻打租界的战斗中。7月9日，租界里的侵略者摆出决战的架势，他们分兵几路，对围攻的中国军队进行大肆反扑。

天津陷落，八国联军一部分留驻天津维持殖民压迫、屠杀天津人民和抢夺租界地盘，另一部分向北京进犯。7月底到8月初，联军头目频繁集会，谋划侵略计划。8月4日，进犯北京的军队正式组成，开始向北京进发。总计19000多名。

7月13日，即天津沦陷的前一天，宋庆、直隶省总督裕禄所带三支部队1万余人舍天津不守而退至北仓。由于慈禧无心抗战，因此也没深究，把裕禄“革职留任”，让他们继续在京津间布防。北仓无险可守，

（联军部队在天津登陆）

守军只好挖了一条十余里的深沟，引河水以作屏蔽。日、英、美 13000 侵略军行抵北关虹桥，见北仓清军设防，即在武库一带布阵，准备攻打北仓。在联军的进攻下，清军退到了北京和天津之间的杨村。没多久，联军追至杨村，清军又一路溃逃，宋庆沿运河不敢回头直向通州逃奔。裕禄逃跑没多远，仅余几个随从，穷途末路的他只能举枪自尽。这一仗，清军有 3000 多人被联军打死。兵败如山倒，联军的犀利进攻打得清军和义和团丝毫没有招架之力。当负责抗击联军的李秉衡败退到通州张家湾服毒自尽不久，也就是 8 月 13 日，联军终于攻到了清王朝的首都北京城下。

八国联军攻占通州后，直扑北京城。此时北京城的清军有荣禄的武卫中军、董福祥的甘军 40 营约 15000 多人；神机营、虎神营 15000 人；宋庆等败退下来的部队约 1 万多人；加上直隶练军、各地来京的“勤王”军，不下 8 万余人。这么多部队，加上池深垒坚的北京城，以逸待劳，2 万人的侵略军想攻入北京城不太可能。不过慈禧太后逃跑的主意已定，在与八国联军的战争中她根本不想抵抗，这就失去了抗击侵略者

的领导核心。

8月14日，联军开始进攻北京城。俄军在司令官华西里耶夫斯基的指挥下，偷袭了北京城东便门。东便门失守之后，俄军又开始进攻建国门。当俄军攻击建国门的激战进行时，日军乘机向朝阳门、东直门进攻。紧接着3000名英军也向广渠门发起攻击。法国以及其他国的侵略军随之也冲了上来，没有多久，北京城就沦陷了。慌乱的慈禧挟持着光绪帝于15日清晨6点仓皇出逃。

八国联军攻入北京后，进行了疯狂的烧杀抢掠。8月16日，侵略军为了抢劫杀戮方便，各国头目召集会议，议定分区占领北京。几经争吵后，决定内城四牌楼以北为日军占领区；永定门以东，北至东珠市为英军占领区；永定门以西，北至骡马市为美军占领区；四牌楼以南，由俄、奥、法、意分别占领。不久德军主力达京后，在俄国占领区域旁扩展一区为德军占领区。各方领区成了侵略军分得的肥肉，他们各把自己的国旗竖起，分设官员，加以统治。

八国联军侵占北京之后，重新调整了侵略部署，制订了新的侵略计划。他们调兵遣将，以京津为中心，四出攻掠。八四联军的铁蹄踏遍了直隶全境，震动了山西、山东两省。

联军随后又沿津榆铁路向唐山进攻。八国联军从京津向东攻占了北塘、芦台、唐山、山海关，把津榆铁路全线控制后，又从京津两路出兵，向直隶中部陵地进军，以攻占保定为主要战略方向。

由于联军东犯山海关、南据保定城，直隶全境被其窜扰，山东、山西俱皆震动，逃到山西太原的慈禧太后非常害怕，又在10月1日由太原启程，继续向西南方向逃奔，终于在10月26日逃抵西安。八国联军

（联军在天安门前列队）

见此光景，步步紧逼，指挥联军向山西、山东进兵，扩大对中国的侵略，同时进一步对清政府施加军事压力。

1900年冬季，八国联军不断从京津调兵南下，增兵保定一线，以便大举兴师扩大侵略。至11月中旬，侵略军在保定集兵完毕，经过一番策划，使分兵三路向山西进犯：一路是法德联军，由保定向南取道定州、新乐、正定、获鹿、井径，而后向山西进发；一路是德国侵略军，取保定中路西攻唐县、曲阳、阜平，从龙泉关出直隶，向山西五台山方向进犯；一路是英德联军，取保定北路攻新城、涼水、易州、紫荆关、广昌，向山西灵丘方向进犯。

面对八国联军的犀利进攻，清政府生怕守军打击敌人会激怒联军，影响议和。因此，严令守军只准“严固防守”，不准“借口进兵”。这就

更加助长了敌人的气焰。

在联军三路出师进攻山西的同时，他们又集结天津、保定部分兵力于直隶中部，然后挥师南下，逼近山东。

（联军开队进入北京城）

当大兵压境之际，出东巡抚袁世凯大为震惊。袁世凯立即向李鸿章、张之洞、刘坤一等中央大员求救。李鸿章极力在帝国主义面前讨好；袁世凯致电德国驻华公使穆默，强调其一直在维护德国在出东的利益，现在一切正在发展中，如果让其他国家打进山东来，对德国在山东的各项利益将有极大威胁，因此，希望穆默权衡利弊，阻止其他军队向山东派兵。

自从天津、北京陷落，慈禧太后出逃，到议和条款初步确定，其间10个月有余，八国联军控制了整个直隶省。东至山海关口，西达山西边境，南到山东省，北临承德、张家口，尤其是义和团活动的中心地区，其他地区也以“剿匪”为名，无处不劫、无地不控。

各地的清朝文武官员都商定，“洋兵到时，各办食物供应”，而把守城军开出城府数十里去，免得和敌人发生冲突。而且，为了向联军献媚，在联军到达时，这些地方官员更是以杀害义和团来表示自己的“盛情”。

八国联军攻城略地，是近代中国历史上规模最大的一次侵略战争。八个帝国主义国家出兵六七万人，攻占了天津和北京，控制了直隶全省；以慈禧太后为首的清朝统治者逃亡到西安，听任帝国主义的宰割和惩办。中华民族的危机达到了空前严重的地步。

在“如何对待中国，如何处置清政府”这个问题上，联军占领北京后各国政府派到中国的使臣进行了长期的争论。从各个侵略者的愿望及其行动看，都想瓜分乃至独霸中国为他们的殖民地，但是他们又都表示反对瓜分中国。究其原因，并非帝国主义大发善心，而是从其自身的利益因素考虑的：

第一，义相团运动和各地人民顽强抗击八国联军使他们感到瓜分中国是很危险的事。

八国联军的统帅瓦德西在侵略中国之前认为中国人不堪一击，可是八国联军的侵略遭到人民全力抗击的时候，开始对中国人的反抗产生了

畏惧心理。他在给德皇的报告里就说过："中国的皇室、官吏及上流阶级是腐败无知的，但是中国下层社会的四万万人，却'含有无限蓬勃生气'。"

（被清军打坏的联军军舰）

英国人赫德，任中国海关总税务司，当时在中国生活已有40多年，他从中国人的反抗中认识到，中国人已从睡梦中刚刚醒来，如果实行瓜分，将促进中国人更加觉悟，必将起而反抗殖民统治者。因此，他建议英国扶持清朝政府，达到以华治华而为列强服务的目的。

第二，由于列强之间尖锐的矛盾，如果实行瓜分，列强之间必将发生一场争夺和厮打，他们各自已经取得的利益，有可能丢失。

所以，当时各国都有一种力求维护自己既得利益，减少互相冲突的愿望。比如1900年7月，美国向列强提出的"门户开放"政策，其内容主要是"保持中国领土和行政的实体，维持一切以条约和国际法所保证的友好国家的权利”。就是要表面上还让清政府的统治机构继续存在，而实际上让其作为列强统治中国的代理人，使各国在中国的各种侵略利益由清政府代他们去保护和执行，列强间则可以保持着共同支配中国的“神圣同盟”。美国的这种政策提出后，得到了各国的同意。经过一段讨论和争吵，“门户开放”，“利益均等”的政策，成了各国对待中国的基本原则。

慈禧太后逃离北京后，不知道事情会发展到何种地步。至于中华民族和中国人民的命运她也不管，她最关心的是列强们会怎样处置她。为尽量求得各国谅解，她发出了一连串谕旨，命军队严厉镇压反抗的中国人，各地方官员好好接待前去杀人放火的侵略军队。同时迫不及待地派庆亲王、李鸿章等投降议和，让李鸿章等人求侵略者宽恕她本人的罪过，这一条如得允许，其他问题都可以商量，而“如有万难应允之事，先为驳去，是为至要”。

其实慈禧太后早在八国联军攻陷北京、经太原逃往西安的时候，就曾派李鸿章为代表乞和，但侵略者不急于立即开议。各国经过反复商议后，才决定与清政府议和并继续维持以慈禧太后为首的统治。1900 年 10 月 5 日，李鸿章以全权代表身份抵达北京。李鸿章从各国公使口中了解到侵略者的一系列要求，就立即紧向西安奏报，慈禧不问合不合理，有求必应。

八国联军的军事行动，以清政府与总共 11 个国家签订《辛丑条约》为终。法国向各国提出备忘录，包括惩凶、赔款、在北京及其附近地区驻军、拆毁大沽炮台等六项要求作为议和的先决条件，为各国所赞同。英、俄、德、日、美等国又在法国提议的基础上加以补充，扩大为议和

大纲 12 条，于 12 月 24 日强迫清政府接受。此后它们又依照大纲拟出详细条款，于 1901 年 9 月 7 日与清政府代表奕劻、李鸿章正式签订《辛丑和约》。

《辛丑条约》规定清政府赔款白银 4 亿 5 千万两（4 亿 5 千万即当时中国总人口，以示每人一两，达羞辱中国人之意）。联军占领北京后，对北京皇城、衙门、官府大肆掠夺，因而造成大量中国文物和文化遗产（包括故宫、颐和园、西山以及圆明园）的失窃、破坏。

1840 年，西方资本主义用坚船利炮打开了古老中国的大门，鸦片战争、中法战争、中日甲午战争，一场场强加给中华民族巨大的灾难。近百年来世界上几乎所有的资本主义国家都对中国发动过一次甚至多次侵略战争。有公然入侵，也有不宣而战；有单独入侵，更有合伙劫掠，强迫中国签订了数以千计的不平等条约。而八国联军对中国的侵略，就属于合伙劫掠的一种。

有人说，八国联军是一场以微小的力量保护各国使馆人员安全的正义斗争。这种掩人耳目的理由无疑是苍白而空洞的。回望历史，关于八国联军的侵略和野蛮的烧杀抢掠行为，令人发指而罄竹难书。八国联军侵华从酝酿组建到撤军完毕经历了一年半左右的时间，即便从第一批“使馆卫队”侵入北京算起，亦是经年有余。八国总兵力累计可达 12 万之众，是中国近代史上除沙俄侵占东北战争之外，侵略军入境数量最多的一次。此次帝国主义联合侵华战争对中国近代社会产生了重大而深远的影响。八国联军侵华战争的真正动机和实质目的是镇压中国人的反抗，保住并扩大各国在华权益，使中国进一步殖民地化。

至于“为解救公使而战”的说法纯属借口，而且这种借口也是根本

（签订《辛丑条约》现场）

不能成立的。况且在列强大肆策划调兵之时，使馆区还没有受到任何威胁，清政府当时对使馆一直都是采取保护态度和保护措施的。可以说，围攻使馆事件与八国联军侵华没有直接因果关系，确实是“衅口彼开”。

八国联军侵华战争，使中国蒙受深重灾难。屈辱的《辛丑条约》大大地加深了中国半殖民地化的程度。在这场攻伐和反攻伐，侵略和反侵略的战争中，清政府到底做了些什么？

清政府在对外“宣战”后的一段极短的时期内，似乎也有意利用对西方列强动武，为自己泄愤。正如慈禧所说的：“中间一段时期，因洋人欺负得太狠了，也不免有些动气”。表面上支持向洋人宣战的慈禧，实际上又完全站在对内镇压对外投降的根本路线上的。慈禧的这种态度，在“宣战”后第五天就已经显露出来。和联军宣战不久，她当即派荣禄前往使馆要求停战，与此同时，慈禧还向东南督抚和驻外使节清楚地表明了自己的心迹。

自 1900 年 6 月 25 日以后，在军事上和外交上，清政府实际上对帝

国主义都“处处留着余地”。所谓的“围攻”使馆，实际上正如清廷自己所承认的是“苦心保护”。在外交上，清廷更是积极进行投降求和的准备。1900 年 7 月 3 日，清政府电令驻日、英、俄三国公使，分别向三国君主呈递国书，请求他们“排难解纷”，以“挽回时局”。但清政府的迫切求和表示，并不能丝毫动摇帝国主义要攻陷北京迫使清政府彻底屈服的决心。登陆大沽口，攻陷天津向北京进发以及列强后来的攻伐都无一例外地证明了这个结论。

（《辛丑条约》签订后的紫禁城）

但清王朝的乞和并没有阻挡得了八国列强铁骑攻伐的步伐，天津、直隶、山东、山西无一例外地遭到了列强们的欺辱和蹂躏。清政府没能救中国，也没能救首都北京城。在这场轰轰烈烈反侵略的战争中。清政府不可救药地败下阵来。而轰轰烈烈的农民反抗运动，也在帝国主义的联合镇压以及清政府的无耻出卖下，终于遭到失败。

八国联军侵华史，可谓一曲悲歌，千古遗恨。一百年过去了，再过一百年，人们还会追忆这段历史，追忆这段历史就会引起炎黄子孙不尽的沉思和痛苦，激起亿万人振兴中华的热情。八国联军无情地把五千年的文明古国踏在脚下，让这个一向认为是“天朝上国”、世界中心的国家俯首称臣，凭的是什么？占世界人口四分之一的大国，为什么敌不了区区几万洋枪队？

今天从昨天走来，明天又与今天相连。清醒地、理智地对待我们民族沉重的带有悲壮色彩的历史，从新的角度去评价发生在自己所处的国土上的悲剧，吸取教益，激发起我们深沉的忧患意识。回顾历史，八国联军侵华的悲剧史，至今仍然让我们产生深深的耻辱感。但也许正是这段历史的悲剧唤醒了华夏民族的情感，唤醒了奋进意识，没有耻辱感就不会有民族责任感和时代紧迫感。

从晚清到共和——历史人物不容错读

翻阅历史，每一页都尽显沉重，每一页都翻不过去。晚清是中国历史上最悲哀、最凄凉的时代，但也是一个英雄俊杰辈出的时代。在这样一个扶不起的王朝面前，居然有这么多的英雄、这么多的俊杰对其忠诚地奉献着，牺牲着！但与其说这些英雄、俊杰们为了清朝，还不如说他们是为了中国，所以今天我们作为华夏子孙来缅怀他们，也缅怀他们留下的伟大遗产。历史不能忘却，这种无形的遗产更不能丢弃。

晚清政府是不幸的，因为这个时候西方的现代工业革命冲击了她日薄西山的政权，但是晚清政府也是幸运的，在世纪巨变面前，依然涌现出无数的华夏才子为她抛头颅洒热血，为她摇摇欲坠的政权四处奔波，甚至奉献着自己的生命。而这些人中，有的我们可以称他们为真英雄；有的虽然被贬得一无是处，但仍然为中国走向新社会做出了贡献。这些真英雄，就中国伦理道义来说，他们对得起给他们提供俸禄的清政府；就中华民族大义来讲，他们的爱国举动感天动地，能够被中华儿女千百年所纪念。这些才子就晚清来说，他们苟且偷生，难辞后人之贬，就华夏来说，他们的业绩还是值得人肯定的。

很多人认为清朝的灭亡是晚清统治阶级整体的没落、腐朽所致，是君不君、臣不臣的社会国家政治伦理失常所致。但细看历史，不难发现，在清朝末年的历史画卷中隐藏的并不缺少仁人志士，并不缺少国家栋梁和旷世奇才。这些人有的被认为是卖国贼，有的被认为是中华英雄。从两宫皇太后、皇帝、诸亲王、康有为、梁启超、袁世凯到曾国藩、李鸿章、左宗棠、张之洞等，通过他们在所有的政治活动中体现出来的个人素质和能力来看，都是常人所难以企及的。

就慈禧来说，她个人的政治素质和政治魄力没有人去怀疑。在她操纵清朝政权近半个世纪里，可以构成一部宏伟的传奇，是她让满族天下苟延残喘了几十年，把即将消亡的政权延续到她生命的尽头。笔者在想，这个封建王朝末期的美丽女人，若是生在了唐朝、或者汉朝的盛世之时，或许她也会像武则天一样能谱写出中国历史不朽的神话，可是历史偏叫这个不凡的女人生在了清末，生在清朝注定没落的年代。这个年代正处在世界工业文明向封建农业国家形成最大规模冲击的时代，然而她的才能和魄力却成为守旧势力对抗外来文明的一堵顽固堡垒。

光绪是一位少年英雄，是晚清权力中心中少有的俊杰，他最先通过各种途径接受了一些西方学术，西学也对他起到了潜移默化的影响，所以他胸怀富国强兵的抱负，一心想要变革中国现状，向西方学习。但是他太年轻，没有多少政治经验，长期在慈禧的羽翼下生存，

使得他变成了真正意义上的傀儡。他想要与慈禧对着干，却没有什么权力根基，作为一国之君，满朝文武却没有一人是心腹。再加上这个年轻人没有城府，不懂得忍耐，在他还没有完全取得国家实际统治权力的时候，居然冒天下之大不韪实行变法。他明知道与慈禧对着干就是死路一条，可偏偏要走这条不归路。他的“古怪行为”不能得到大清王朝中广大贵族阶层的配合，哪怕是理解，致使他给政治对手创造了向自己致命一击的有利条件。

当然，我们试想，如果光绪能够顺利地早一些掌握清朝的实际统治权，能够体体面面地做一回大清王朝实际的君王，那么他是否就能成功地实行变革？答案是否定的。假使光绪早一些掌握了权力，他推行变革的心情也不会那么过于强烈。他推行变革的目的之一就是想通过变革逼权，想要让慈禧还政于他。他为达到这个目的就借助康有为等维新派势力，从这一点上来说他的失败是必然的，从他用人来说，康有为等人多是喝过洋墨水的人，也学过封建八股，但骨子里都是媚外的色彩。他们所主张的变革就是想把日本的模式照搬照套地搬到中国来，这显然是不合实际的，而且康有为等人的变革动机之一也是想以变革达到自己的政治目的。这无可厚非，问题就在于他们急功近利，冲动而又盲目，只能算是一群政治冒险家，成功的几率极小。但是光绪的变革，即使失败了，其影响却因他的地位在中华大地上掀起巨大的波澜，在一定意义上唤醒了后来众多仁人志士。

说到光绪，说到慈禧，不得不说袁世凯。假如袁世凯不称帝，不复古，那么后人还会对其横加指责吗？袁世凯也能算得上是一位政治精英，一个功过参半、叱咤风云的一代枭雄，虽然他的存在给中华大地上制造了无数的白色恐怖，而且和日本签署了卖国的《二十一条》，条条见血，但是袁世凯作为一名晚清政客，在刀剑上行走的风云人物，一般人无法比。

袁世凯年轻时失意科场，22岁弃文从军，投奔嗣父的至交、淮军将领吴长庆。之后平步青云，官场得意。袁世凯有任事之才、治军之能，实为清季一务实干练的能臣，自小站练兵至接掌北洋，还有他建新学的学校，主张废科举，引进西方学说，又成立一支警察部队，令中国军警分离。袁世凯对中国的军事和工业化，有很大的贡献。

然而袁世凯最后难免走入权力膨胀的误区。在他当政时，为了巩固其独裁权力，不守约法、解散国民党，使刚诞生的中华民国失去在制度下健康发展的机会。而且多次暗杀国民党有关进步人士，制造白色恐怖，结果造成了中国的南北分裂，使中华大地上军阀混乱，尸横遍野。袁世凯违背民国公意，称帝登基，遭到全国反对，至此袁氏之威望彻底破产。称帝之举堪称袁氏政治生涯中所犯的最大错误。而他的功劳也因其帝王一梦而被后人抹杀。

（一身戎装的袁世凯）

剩余的其他人，如曾国藩、李鸿章、左宗棠、张之洞等一些汉官

在清朝的政治风云史上被重用可以说是慈禧太后政治生涯最有光泽的一笔，也是慈禧最为英明的一步险棋。一直倚重于满臣的清王朝在慈禧时期忽然倚重汉臣，这也更加能说明这些汉臣的力量和能力。而我们所说的这几名清末重臣都是学富五车、满腹经纶的经天纬地之才，能文能武、镇压暴乱、兴办洋务、收复僵土、推行新政、锐意改革，堪称国家栋梁。但是，纵观整个晚清政治舞台，这些曾经活跃的政治人物，他们的文韬武略、钩心斗角、荣辱沉浮，可谓精彩纷呈，是中国历史上最后的贵族时代。这个傲慢、保守、自我封闭、顽固不化、英雄辈出的贵族时代，本可以与中国历史上任何灿烂辉煌的过去相媲美，然而其每一个脚印却被打上了耻辱的印迹，而不是光辉与荣耀。

清末王朝的背影给人诸多的感伤。晚清政治舞台上英雄云集，但是这些英雄们注定救不了这个没落的王朝，光绪不能，后来的康有为、梁启超、林则徐、曾国藩、李鸿章、左宗棠、张之洞等等都难以力挽将倾之大厦，不管他们是多么的优秀和出类拔萃。历史的车轮滚滚向前，他们注定无力回天。他们再多的英雄事迹也只能增添他们末路英雄的悲剧色彩。除此之外，那些为了这个王朝，为了华夏民族，在战火中销声匿迹的英雄们也在同时谱写着悲剧英雄时代的悲歌，他们演绎着悲剧故事，让整个民族在漫长的痛苦史上思索。如关天培、葛云飞、陈化成、冯子材、刘铭传、左宝贵、邓世昌、陈连升、裕谦等等，抗战名将都让后人无不感怀。他们书写的中华历史是永远都无法翻阅过去的。

关天培一生战果累累，充满了传奇色彩，虽然行伍出身，却很注重习文，他曾说：“吾不能习辞赋，封章启事，有用于时，此吾之学文也。”他所上奏章公文，必亲自动手削稿，历任把总、千总、守备、游击、参将、副将等军职。而他一生最为辉煌的战果就是血战虎门，而这次的虎门战役也给他短暂的一生画上了句号。

1834 年，关天培调任广东水师提督。这时候，正值外国侵略者对中国野心勃勃的时候，以英国为首的西方列强看到清政府腐朽昏庸，试图用武力打开中国的海上国门，扩大对中国的侵略。关天培到任以后，亲自查看海防要塞，决定增修和加强虎门炮台，并加紧操练军队。随后成为林则徐禁烟运动的得力助手。

1840 年 7 月，英水手在尖沙咀一带横行霸道，杀死一无辜村民，林则徐提出抗议，要英国驻华商务监督义律交出凶手，义律不但不交，反而乘机扩大侵略，接连几次向广东沿海武装进犯。关天培身先士卒，率领将士严阵以待，英勇抵抗，屡次打败英军，使他们的侵略行动未能得逞。

（关天培）

义律看到关天培率领的兵力强大，不敢任意挑衅，而英国的鸦片贩子仍在继续走私鸦片。关天培积极配合林则徐，搜捕鸦片走私船。鸦片战争爆发后，关天培在林则徐领导下，率兵英勇反击英军，英军无法侵占广东，只得分兵北上，进犯天津。而昏聩的

道光皇帝却屈从了侵略者的要求，查办了林则徐，使得关天培孤掌难鸣，独自演奏英雄的悲歌。

后接任林则徐的琦善，下令撤除关天培多年苦心经营的海防，水师也被遣散三分之二，战斗力最强的将士被全部遣散。1841 年 1 月，英军乘虚而入，攻陷沙角、大角两炮台，此时虎门炮台只有少数兵力防守，形势万分危急。关天培一边坐镇前线督战，一边派人向琦善请求增援。可是，这时的琦善却坚持“议和”，不敢发兵。关天培对此卖国行径极为愤恨，决定拿出自己的银钱补充军饷，鼓励将士英勇杀敌，又将数枚脱落的牙齿和几件旧衣寄给家眷，表示了自己与炮台共存亡的决心。

2 月 26 日，英军疯狂进攻虎门。在得到一连串的胜利之后，全力轰击关天培所在的靖远炮台。关天培率领将士，挥刀上阵，指挥士兵顽强坚守。战斗从中午到深夜，进行得异常惨烈。最后，寡不敌众，守卫炮台的将士大半英勇牺牲，关天培也受伤 10 多处，周身鲜血淋漓，但他仍屹立阵前，亲手燃炮射击。这时，敌人从炮台背后蜂拥而上，一士兵要将关天培背下阵地，他横刀阻止。为了不使提督大印落入敌手，关天培急令随从将大印带走。随从哭着拽住他的衣襟，请求一同撤走。关天培厉声拒绝，坚持指挥，激励士兵奋力苦战。忽然，敌人又一发炮弹袭来，这位年逾六旬的老将不幸中弹牺牲。最后，守卫炮台的 400 多名将士，全部壮烈殉国。

说到抗战英雄，刘铭传同样不能被遗忘。英雄一生的壮举令众多后人着迷，不管文武他都能算得上是一名旷世奇才，只可惜他生在了晚清。刘铭传出生卑微，其家族世世代代为农，自幼托身陇亩，生活极为窘困。

但刘铭传这个人刚毅任侠，平时喜欢耍枪弄棒，练就一身武艺。曾杀土豪、劫富户、捍法网、闯荡江湖，成为清政府极为头疼的侠士。

清咸丰四年（1854年），刘铭传接受清廷招安，在乡兴办团练，之后加入镇压太平军的行列。1862年，编入李鸿章的淮军，号称“铭字营”。在追随李鸿章、曾国藩镇压太平天国运动和捻军起义的过程中，刘铭传因凶悍善战，战功显赫，成为李鸿章麾下的一员大将。

很多人都知道刘铭传是保台大将，是晚清历史上为中国领土完整作出巨大贡献的人，却鲜有人知道他在治理台湾地区时表现出的优秀政治家风范。在中国军民的英勇抵抗下，法国侵占台湾地区的战争以失败而告结束。刘铭传领导台湾军民顽强坚持战斗，苦战数月，为中法战争最终取得胜利作出了极大贡献。

在中日战争之后，清政府日渐意识到台湾的重要性，尤其是中法战争，使清政府彻底对台湾是“南洋之枢纽”，“七省之藩篱”的战略要地加强了认识。中法战争，台湾成为一个重要的战场，战争暴露了清政府在军事上的突出弱点，尤其是海防的薄弱，这在战后成为清廷内部讨论的主要议题。在几经讨论后，1885年，清政府决定台湾正式建省，改福建巡抚为台湾巡抚，任命抗法有

（刘铭传）

功的原福建巡抚刘铭传为第一任台湾巡抚。为了防止侵略者再次觊觎台湾，清政府下定决心对台湾加强建设、巩固海防。

清政府任命刘铭传为首任巡抚是一项极为英明的决策，因为刘铭传是清末洋务运动中比较具有时代眼光、革新思想和实干精神的杰出代表人物。后来他在台湾所做的一切都证明了其非凡的才能，这在腐败的清廷当局显得非常稀少。在刘铭传任职巡抚的六年里，台湾的国防、行政、财政、生产、交通、教育大换新颜。刘铭传大刀阔斧地对其实行了全身手术，这一次改革是清廷执掌台湾两百年间最为重要的一次改革。

第一，刘铭传注重海防的巩固。刘铭传任巡抚之后，向清廷建议在台湾建立海军，而清政府以“已有南北洋海军和经费短绌”为由不予支持。之后，刘铭传自购南通、北达等几艘船只，供缉捕、运输兼通文报之用，并自掏腰包雇佣西方造船工程师制造其他运输船只。随后立军械所和火药局，大建兵工厂，聘德国技师重建基隆炮台，兴工加固安平、旗后、沪尾、妈宫、西屿、大城北诸炮台，配备强劲大炮，火力增强数倍。在基隆和沪尾设水雷局和水雷营，使水雷与炮台相资为用。此外，刘铭传还整顿部队，注重部队的日常训练和西化，将所属部队兵器一律换成洋枪，并聘请外籍教练教习。在他的大力整顿下，台湾防务已日见充实。

第二，刘铭传还是近代中国提倡兴建铁路的第一人。他积极注重改善交通和通信设施，以西方现代交通设施为参照制定了以“兴造铁路为网纽、辅之以电线邮政”的方针。1887 年在刘铭传的主导下台湾成立了“全台铁路商务总局”，并聘请英德工程师修建铁路，历时六年终于建成了基隆至新竹全长 106.7 公里的铁路，成为中国人自办自建的第一条铁路。与此同时具有现代革新意义的电报总局、邮政总局也在台北成立，这是我国最早的现代设施，使得台湾早早地就领先于大陆。

第三，刘铭传在台湾还注重兴办新式企业。1886 年在沪尾设立官办硫黄厂，1887 年设立官办机器锯木厂，同年又设煤油局。另外在台北设立警察，组织商人成立兴市公司，兴建商店。此外还装设电灯，开凿新式公共水井，购买第一架蒸汽碾路机，并设置了专管市内卫生的机构等等。

第四，刘铭传十分注重与民共生，推行了一系列的抚番安民政策，积极推行中华民族的大融合。如抚番政策为恩威并用，剿抚兼施。“恩抚不从，方行威剿，威剿之后，仍归恩抚。如有官吏凌虐番民，汉人夺占番地，均予惩处禁止，绝不偏袒。番人劫杀居民，不听晓谕，则威之以兵……生番地界，各归各业，不许军民侵占。”至此，台湾军民一心，在台湾华夏民族空前团结。

第五，刘铭传任台湾巡抚时期，积极提倡新式教育。刘铭传深知人才的重要性，所以 1887 年由政府出资，在台北大稻埕创立西学堂，并高薪聘请外籍老师讲授英语、法语、数学、理化、测绘、历史、地理等课程，并且研习国文，使中西通贯，培养通晓近代科学、善于对外交涉的人才。1890 年又设电报学堂，招收西学堂和福建船政学校学生学习电讯专门技术。

刘铭传在台湾的改革除此之外还有很多，他的改革背景是在早已腐烂透顶的清政府支配下进行的。晚清政权摇摇欲坠，国家山河支离破碎，全国上下人心涣散，广大百姓生活在水深火热之中，所以他的改革造福于台湾，在整个中华大地上也算是独开的一枝奇葩。但是毕竟是在

清政府的控制之下，所以在其推行过程中，也遇到了来自各方面的种种阻力。因此，尽管他想力挽狂澜，可还是敌不过当朝小人对他的掣肘、攻击与诬蔑，迫使他不得不于1891年告病辞官而去。

有人说刘铭传“倡淮旅，练洋操，议铁路，建台省，实创中国未有之奇”，而其最伟大的成就，最值得后人景仰的事则为“建台省”——建设一个近代化的台湾，这就是他永垂不朽的最大功绩。

另外一名英雄就是邓世昌了。军人以维护和平，缔造和平为使命。自古以来，军人就当以马革裹尸，战死沙场为荣，是爱国军人引以为自豪的事。那些明知就是死路一条，但依然甘愿奋勇杀敌、冲锋陷阵的军人尤为令人敬佩。

邓世昌是中国最早的海军军官之一，他有着强烈的爱国心，在日常生活中就常对士兵们说：“人谁不死，但愿死得其所尔。”1894年，中国和日本之间爆发了甲午战争。邓世昌多次表示：如果在海上和日舰相遇，遇到危险，我就和它同沉大海！

9月17日在大东沟海战中，邓世昌指挥“致远”舰奋勇作战，后在日舰围攻下，“致远”舰多处受伤全舰燃起大火，船身倾斜。邓世昌鼓励全舰官兵道：“吾辈从军卫国，早置生死于度外，今日之事，有死而已！倭舰专恃吉野，苟沉此舰，足以夺其气而成事”，之后，毅然驾舰全速撞向日本主力舰“吉野”号右舷，决意与敌同归于尽。倭舰官兵见状大惊失色，集中炮火向“致远”射击，不幸一发炮弹击中“致远”舰的鱼雷发射管，管内鱼雷发生爆炸导致“致远”舰沉没。邓世昌坠落海中后，其随从以救生圈相救，被他拒绝，并说：“我立志杀敌报国，今死于海，义也，何求生为！”所养的爱犬“太阳”亦游至其旁，口衔其臂以救，邓世昌誓与军舰共存亡，毅然按犬首入水，自己亦同沉没于波涛之中，与全舰官兵200多人一同壮烈殉国。

邓世昌牺牲后举国震动，光绪帝垂泪撰联“此日漫挥天下泪，有公足壮海军威”，并赐予邓世昌“壮节公”谥号，追封“太子少保”，入祀京师昭忠祠，御笔亲撰祭文、碑文各一篇。李鸿章在《奏请优恤大东沟海军阵亡各员折》中为其表功，说：“……而邓世昌、刘步蟾等之功亦不可没者也”。清廷还赐给邓母一块用1.5公斤黄金制成的“教子有方”大匾，拨给邓家白银10万两以示抚恤。邓家用此款在原籍广东番禺为邓世昌修了衣冠冢，建起邓氏宗祠。威海百姓感其忠烈，也于1899年在成山上为邓世昌塑像建祠，以志永久敬仰。1996年12月28日，中国人民解放军海军命名新式远洋综合训练舰为“世昌”舰，以示纪念。

翻阅历史，每一页都尽显沉重，每一页都翻不过去，笔者常常觉得晚清真得很悲哀，在这样一个扶不起的王朝面前，居然有这么多的英雄，这么多的俊杰对其忠诚地奉献着，牺牲着！但与其说这些英雄们、俊杰们为了清朝，还不如说他们更是为了中国，所以今天我们作为华夏子孙来缅怀他们，也缅怀他们留下的伟大遗产。历史不能忘却，这种无形的遗产更不能丢弃。

三十四年悲情史——光绪一生不堪的记忆

作为一个年轻奋发的君主，光绪皇帝以社稷为重。在饱受侵略者欺凌的时候，曾试图改变，振兴国家，不为求得自保而轻易妥协退缩；在关键时刻，为了变法信念，置生死安危于度外。这已经超越了一位傀儡帝王的行为价值选择，即使从人格上看也是值得称道的。但是空有一个大清国皇帝的名号，却没有真正的实权。在他艰难“亲政”的十年里也是处处受制，没有自主可言。在德龄离开清宫之前他曾经这样对德龄说过：“我没有机会把我的意思宣布于外，或有所作为，所以外间都不大知道我。我不过是替人做样子的……我有意振兴中国，但你知道我不能做主，我不能如我的志。”这是怎样的一种绝望和无奈，又是怎样一种茫然和痛苦？

1875 年 1 月 12 日的晚上，不满 20 岁的同治帝，拖着恶疾缠身的病体，在养心殿西暖阁撒手人寰，载湉以醇亲王长子的身份称帝，其时年仅 4 岁，成为大清王朝入关以来第九位皇帝。

众所周知，载湉既不是咸丰帝的儿子，也不是同治帝的儿子，而是醇贤亲王之子，即慈禧内侄。同治帝死时年仅 19 岁，身后无子。慈禧权欲熏心，为了再次创造机会垂帘听政，当时 4 岁的载湉成了她最适合的人选。慈禧压制众论，一人做主，执意让只有 4 岁的载湉（即后来的光绪皇帝）入宫即位为帝。光绪元年正月二十日，4 岁的载湉在太和殿正式即位。从这一天起，他的命运也开始产生巨大的改变，开始了他悲情的 34 年帝王生涯。

之所以说光绪是悲情的帝王，是因为他的帝王生活从开始就充满了挫折。后人一直对光绪有很大的误解，认为光绪是一个彻头彻尾的傀儡，但历史上真实的光绪却并不如此，不是他是傀儡，而是慈禧一再认为他或者把他打造成傀儡。现在众多历史学家拨开历史的迷雾，开始研究光绪，还原光绪。翻动尘封的往事，看见那些泛黄的过往岁月中的遗迹，让光绪从一个书本中的传说变成一个有血有肉的真人。

光绪是不幸的，他的不幸贯穿其一生。他贵为皇帝要“感谢”慈禧；他悲情一生，也要感谢慈禧。所谓成也慈禧，败也慈禧。其最主要的不幸集中表现在三个方面：

一是亲情上的缺失，从小失去亲人的爱。光绪虽与慈禧以“母子”相称，却没有母子之实，无法真正得到伟大的母爱。从他四岁即位开始就被慈禧抓在手里，或当作争夺权利的利器，或作为显示威严的权杖，更多的情况下，则当作她御案上不可缺少的摆设，或是任意玩弄的木偶。所以在偌大的宫廷内部，光绪是孤独的，加上繁琐的宫廷礼仪，让慈禧对他百般挑剔，万般训斥。于是光绪没有了欢乐的童年，致使他从小就心理压抑，精神失常，造成身体积弱，留下了难以

愈治的病根。晚清重臣恽毓鼎在他的《崇陵传信录》中记述：“缅怀先帝御宇不惟不久，幼而提携，长而禁制，终于损其天年。无母子之亲，无夫妇昆季之爱，无臣下侍从宴游暇豫之乐。平世齐民之福，且有胜于一人之尊者。”说明光绪帝体弱多病之原因，与自幼在慈禧太后淫威之下失于调养照料有关。

（光绪皇帝）

光绪的第二大不幸来自于他的婚姻。依清朝祖制，皇帝满16岁就要亲政。随光绪年龄渐长亲政的日子也逐渐临近，而对于慈禧来说这是对自己极大的挑战。慈禧是一个比较好面子的人，她知道自己不能违背祖制否定交权于光绪，但又不甘心，于是暗中操作，对光绪权力多方限制。光绪十五年（1889年），由慈禧亲自主导，为光绪举行了大婚典礼。而这个与光绪缔结连理的女人就是慈禧的侄女，慈禧亲弟弟桂祥的女儿叶赫那拉氏，即隆裕皇后。

据史记载，隆裕皇后马脸高额，瘦弱驼背，突眼露齿，相貌极为丑陋。光绪对此极为不满，但迫于慈禧淫威，不敢公开声言不满。光绪的两位妃子是瑾妃和珍妃，二人是亲姐妹，但相貌性格却大不相同。瑾妃相貌一般，而珍妃则貌美端庄，性格开朗，活泼机敏。珍妃的入宫犹如一块石子投入一潭死水，她对光绪的同情和体贴，激起了光绪对未来的无比憧憬。同时，珍妃又向光绪推荐了她的老师文廷式。文廷式素以评论时政、忧心国事而得名，是晚清的大才子。他被光绪帝重用后，对光绪的影响极大，引发了光绪帝要改革政治及摆脱束缚而有所作为的欲望。大婚后的数年间，光绪帝与珍妃共同度过了一生中较为轻松的时光。但是光绪不知道，这正是慈禧最不愿意看到的。他的这一切所想所做注定要付出沉重的代价。光绪明明知道宠爱珍妃，必定要得罪皇后，而与皇后的不和，等于是向慈禧挑战。据《悔逸斋笔乘》记载：光绪十八年（1892 年）仲夏之时，一天，光绪与隆裕皇后为小事争吵，隆裕跑到慈禧面前哭诉其事。慈禧大怒，对身边的人说："皇上是我所立，实乃忘恩之举，隆裕是我的亲侄，辱骂皇后就是对我最大的不敬，实在难以忍受。"接连数日，光绪去给慈禧请安，慈禧未曾给过光绪一次好脸色。由此光绪与慈禧的嫌隙也就形成了。

1898 年，光绪推行变法维新，珍妃倾向变法，支持光绪掌握政权，引起慈禧太后的忌恨。可 103 天后戊戌变法就失败了，光绪皇帝被幽禁于中南海里的瀛台，珍妃被拘禁于紫禁城中的北三所。1900 年，八国联军兵临北京城下，慈禧挟持光绪西逃，此时珍妃正染病，大家都换了百姓布衣聚在寿宁宫，"慈禧忽感触前事，出珍妃于牢院。强词珍妃带走不便，留下又恐其年轻惹出是非，因命太监将乐寿堂前的井盖打开，要珍妃自尽。珍妃不肯死，众人遂令太监将珍妃推入井中。"这时，珍妃年仅 25 岁。当光绪得知珍妃的死讯后，"悲痛已极，至于战栗"，精神彻底崩溃，旧病复发，日趋沉重，再也无法康复。

可是他又能怎样？只得又在这样的痛苦煎熬中度过了8年的时光，直到他生命的最后一刻。

（珍妃）

光绪的第三大不幸，就是他身在帝王家族，贵为大清皇帝，面对着一个千疮百孔的国家。光绪亲政之时，慈禧55岁，虽然名义上退居颐和园颐养天年，实质上依然手握重权。凡政事，不论大小，都需请她裁决。她一边想方设法限制光绪帝的权力，一边利用隆裕皇后及亲信监视光绪行踪。长此以往，光绪名为皇帝，实为傀儡。其纵然有再大的政治抱负也不能得以实现，日久天长，精神更加抑郁，情志愈益不畅，旧病不去，又添新愁。

疾病缠身的光绪亲政后遭遇的第一件大事，就是日本侵略朝鲜，进而侵略中国。慈禧和光绪偏向于执意要打，决心援朝抗日，但腐败的体制最终使邓世昌战死，丁汝昌自尽，战争还是失败了。本来那次海战如果战胜，就能提高光绪的威望，从而有利于他开展工作，然而迎来的却是一纸《马关条约》和割地赔款。这让其遭受重大打击，加深了“母子”的不和。但通过中日甲午战争，光绪更加明确通过改革政治，富国强兵的重要性。而此时义和团遍地开花，要求改造社会的思潮风起云涌，光绪帝在康有为、梁启超等人的影响下，在珍妃的积极支持下，于光绪二十四年四月二十三日（1898年6月11日），颁布“明定国是诏”，宣布变法，力推博采西学，推行新政，授予康有为“专折奏事”特权。那些守旧的亲贵重臣害怕光绪皇帝在改革政治中触动他们的地位，纷纷投靠慈禧并竭力挑拨他们“母子”的关系。慈禧也深恐光绪改革的成功会影响到她的独裁。这样朝臣内出现了“后党”与“帝党”（又称“清流党”），双方展开了激烈的斗争。

光绪亲政十年，与慈禧斗争了十年，尤其在戊戌变法时，“母子”斗争已经进入白热化阶段，矛盾日益突出。据史料记载，光绪二十四年七月二十九日，光绪帝到颐和园见慈禧，慈禧明确表示要废掉光绪，并密谋由北洋总督荣禄，在九月初天津阅兵时发动政变。情急之下，光绪给帝党派杨锐下发密谕：“朕惟时局艰难，非变法不足以救中国，非去守旧衰谬之大臣，而用通达英勇之士，不能变法。而皇太后不以为然，朕屡次进谏，太后更怒。今朕位几不保，汝康有为、杨锐、林旭、谭嗣同、刘光第等，可妥速密筹，设法相救。朕十分焦灼，不胜期望之至。特谕。”但杨锐胆小如鼠，未敢将密谕传予他人，光绪无奈等不到回音，于八月初一、初二连续两次召见袁世凯，让他专办练兵事宜，并赐其为侍郎衔。他总以为袁世凯会感恩戴德，效忠皇帝。同时，光绪帝于八月二日又下了一道密谕给林旭，让其转告康有为迅速离京。林旭将两道密谕同时转给康有为、谭嗣同等人，这几人十分感动，决定由谭嗣同出面请袁世凯，马上举兵，先杀掉荣禄，回兵包围颐和园。袁世凯表面上满口答应，八月五日回到天津，却在

八月六日马上向荣禄告密。

最后变法运动在以慈禧为首的守旧势力的反对和镇压下，宣告失败。谭嗣同等“戊戌六君子”遇害，康有为、梁启超出逃，光绪也被软禁在中南海瀛台。可以说到此，光绪的政治生涯已经结束，之后的十年光绪虽然名义上仍保持着皇帝的名位，但已没有了皇帝的权力。

南海瀛台，与水云榭岛、琼华岛分处太液池三海之中，象征东海三仙岛蓬莱、瀛洲、方丈。瀛台四面环水，只在北端架一板桥，通至岸上，板桥中间有一段是活动的，光绪被囚禁此地之后，由慈禧的四名亲信太监监视着。“他或者坐在露台，双手抱膝，愁思哀伤，或者睡在木床上苦思苦想。在太监监视的比较松懈时，就偷偷地记日记。这样差不多被关押了整整两年。”然后慈禧令人故意把瀛台桥板撤掉，以此断了光绪出瀛台岛之路。光绪住在涵元殿里，太监每天送饭时架起桥板，走到瀛台来，用完饭后就抽掉桥板。光绪心情更加忧郁，无奈之中写下了“欲飞无羽翼，欲渡无舟楫”等诗句。据野史记载，有一年冬天光绪十分想念心爱的珍妃，便带了小太监踏冰离开瀛台。被发现后，慈禧下令立刻凿冰，以防光绪离开。他曾仰天长叹：真不如汉献帝也！因而病势也日渐加重。

光绪在位除甲午战争、戊戌变法之外第三件大事就是八国联军侵华。光绪二十六年（1900 年），义和团运动波及中华大地，引起英、俄、法、德、美、日、意、奥匈等八国联军入侵。光绪二十八年（1902 年）一月，光绪又被慈禧带回北京，仍然被囚禁在瀛台。光绪帝始终没有勇气冲破封建伦理思想的束缚，“天颜戚戚，常若不悦”，一生的命运

（南海瀛台）

悲剧也继续延续下去。或许只有死亡才可以彻底地获得解脱。死亡，可以让他离开，永远离开这个对于他来说孤独寂寞，甚至有些冷漠和残忍的世界。相信他的灵魂可以入天堂，在那里，有他所爱的人，他们可以继续地爱恋，恒久地爱恋。希望在天堂里的他可以获得恒久的幸福。光绪三十四年（1908 年）十月二十一日，光绪的病情突然转危，不久死去。如果说光绪入宫为帝，是出于一种政治需要，那么他的死去，也未必不是清廷政治腐败的必然。

对于光绪，今天我们再也不能只用今天的眼光来看他，臆断其为慈禧的傀儡，一百多年前的现实全然不同于现在，在封建专权，清廷内部粉饰太平，将权力斗争作为一生的最大追求的时代背景下，光绪是一个有作为的皇帝，错就错在他生错了时代，生错了家族。《清史稿》里面这样评价光绪："德宗亲政之时，春秋方富，抱大有为之志，欲张挞伐，以前国耻。已而师徒饶败，割地输平，遂引新进小臣，锐

意更张，为发奋自强之计。然功名之士，险躁自矜，忘投鼠之忌，而弗恤其罔济，言之可为于邑。洎垂帘再出，韬晦瀛台。外侮之来，衅自内作。卒使八国连兵，六龙西狩。庚子以后，怫郁摧伤，奄致殂落，而国运亦因此而倾矣。呜呼，岂非天哉。光绪驾崩后，清越四年而亡。”

作为一个年轻奋发的君主，光绪皇帝以社稷为重，在饱受侵略者欺凌的时候，曾试图改变，振兴国家，不为求得自保而轻易妥协退缩；在关键时刻，为了变法信念，置生死安危于度外。这已经超越了一位傀儡帝王的行为价值选择，即使从人格上看也是值得称道的。但是空有一个大清国皇帝的名号，却没有真正的实权。在他艰难“亲政”的十年里也是处处受制，没有自主可言。在德龄离开清宫之前他曾经这样对德龄说过：“我没有机会把我的意思宣布于外，或有所作为，所以外间都不大知道我。我不过是替人做样子的……我有意振兴中国，但你知道我不能做主，我不能如我的志。”这是怎样的一种绝望和无奈，又是怎样一种茫然和痛苦？

身为帝王，光绪一百多年来受尽了后人的冷落和责难，这是他的悲剧，活着时得不到掌声，死后也无人能理解，甚至有人认为他“懦弱无能”，但作为一个人，他在资产阶级改良运动中走在了时代的最前列，也为他的人格增添了不少的亮色。变法的最终结果是失败了，但对当时社会发展起到了积极的作用。思想上，打破了封建专制主义的思想禁锢，开启了中国思想解放的先河；经济上，光绪积极配合维新派的主张，发展民族资本主义，为中国早期资本主义发展开辟了道路；文化教育上，光绪主张开办现代学堂，科举制度实行彻底改革，派人出国留学、游历等，这一主张使得晚清知识分子视野扩大了，也引进了许多先进的西方思想，为中国现代的文化变革作出了重大的贡献。所以笔者认为光绪是近代中国一位英明的皇帝，不愧为近代中国第一个效仿西方来变革中国的开明皇帝。

剪不掉大辫的袁世凯

袁世凯也有任事之才、治军之能，可以称得上是晚清一位务实干练的能臣，而且之后加入改革派，建新学的学校，主张废科举，引进西方学说，又成立了一支警察部队，令中国军警分离。袁世凯对中国的军事和工业化，都有极大的贡献。然而袁世凯只有当臣之才，却无为君之能，加上他不切实际的皇帝梦，使得中国陷入了长期的南北分裂，军阀混战，给中国本已伤痕累累的历史又划上了一道伤口。

1913 年 3 月 20 日，上海火车站一声枪响，刚刚在中国有史以来第一次国会选举中获胜的宋教仁在准备北上时倒下了，为他送行的黄兴、陈其美、于右任、廖仲恺等立即把他送进了医院。两天之后，这位缔造中华民国的功臣就在民国政府成立仅仅一年时黯然离世，年仅 32 岁。

宋教仁人是谁，笔者相信熟知民国历史的读者一定不陌生。宋教仁在辛亥革命后的政治舞台上是个举足轻重的人物，南京临时政府成立时担任临时政府的法制院长。他曾在民国唐绍仪内阁中出任农林总长。正是他联合五党组成了民国第一大党国民党，而他也是国民党的实际领袖。熟悉他的人都说他“头脑明细，手段灵敏”，在政治上表现出倔强的进取精神，同时又有极强的活动能力和丰富的宪政知识。

宋教仁之死对于刚刚建立的民国来说，无疑是一件大事。宋教仁逝世举国震惊，几乎所有在位、在野的政治人物都对此作出了自己的反应。在近代史上政治人物被暗杀几乎是常见的，但各界反应之强烈以宋教仁之死为最。

宋教仁被刺的消息一经传出，整个上海都被震惊了，所有的人都充满了愤怒，无数素不相识的人自发地赶到宋教仁逝世的医院对逝者表达哀思。两天后，当宋教仁不治身亡的噩耗从医院传出之后，整个大上海都被笼罩在悲凉而激愤的氛围中了，吊唁者更是络绎不绝。当宋教仁的灵柩安葬之时，前来送行的人有几千人，所到之处，都是人山人海，道路阻塞。

（宋教仁）

在这悲痛的日子里，举国上下，唯有一个人最为兴奋。在得知宋教仁的死讯前后多次“慰令”、“慰电”、“慰唁”，称宋“奔走国事，缔造共和，厥功甚伟”、“学识冠

时，为世推重”，在假惺惺地表示哀悼、愤怒的同时，抑制不住的是内心的喜悦。这个人就是袁世凯，民国政府第一任正式总统。

1859年，正处于第二次鸦片战争期间，袁世凯出生于河南项城的一个官僚世家。和大部分读书子弟一样，他也摆脱不了世俗的影响，功名利禄就是他的人生目标，可惜考了两次科举都没中。不过，袁世凯的父亲有一个好友名叫吴长庆，当时正担任赫赫有名的淮军统领，于是袁世凯立即找到了父亲的这位好友。在吴长庆的通融下，袁世凯在“庆军”的营务处当上了会办。

1882年朝鲜发生壬午军乱，朝鲜高宗李熙之父兴宣大院君李是应利用军队哗变，成功夺权；朝鲜“事大党”与大院君有隙，于是请求清廷出兵平乱。由于当时朝鲜与清朝有宗藩关系，吴长庆领兵前往镇压，于是袁世凯便跟随吴长庆的部队东渡朝鲜。这时候的袁世凯在清军里已经做出了一点小小的成绩了，李鸿章奏举袁世凯任驻汉城清军总理营务处，会办朝鲜防务。于是23岁的袁世凯便以“通商大臣暨朝鲜总督”身份驻藩属国朝鲜，并以道员升用，加三品衔，协助朝鲜训练新军并控制税务。而仅仅过了一年，1883年，就升为浙江温处道。

不容置疑，袁世凯刚刚年过20就升职为温处道，是因为他有这样的能力，但并不是每个有能力的人都能这么官运亨通的，这从另一个侧面也说明，袁世凯很聪明而且熟谋略。

关于袁世凯熟谋略，当时的清朝贵族察存耆曾这样对袁世凯的笼络人心、阿谀奉承进行了描述：

（袁世凯复辟）

我还是一个孩子的时候，有一次袁世凯拜访我父亲。我因为平日在报上见过不少关于袁宫保（袁世凯）的故事，想见识一下，遂进客厅上前请安。

转瞬间，只见袁世凯闪电般离开座位，也抢前几步，一边对我还安如礼，一边口中说："不敢不敢。"他这样的举动，大出我的意料之外。我父亲忙说："小孩子，小孩子，大哥太客气了。"袁世凯双手紧拉着我的双手，连声说："老弟好！老弟好！"

他半侧脸用炯炯的目光看着我，同时又半侧着脸看着我父亲说："老弟真英俊，真英俊。"又回过头去对我父亲说："让我们先谈一谈。"我父亲便不再言语，原来那时的习俗，尤其在官场里，若要同人家的子侄说话，并不直接问本人，而要先向其长辈说明。这时袁世凯便问我说："经书都读了吧？"我说："现在才读了周礼，易经还未读。"袁世凯说："读经是要慢慢读，不可太快。"又说："老弟需要什么书，我可以送过来。"又很郑重地对我父亲说："世兄真聪明，好得很，好得很！打扰老弟用功了。"于是，父亲对我说，你回书房去吧！我便退了出来。

第二天的中午，我刚下早学，就看见门房的院里摆着五

个木板箱子，门房的人对我说："袁大人差人给少爷送书。"

从小细节上足以发现袁世凯逢迎拍马的功夫是多么了得。

1894年，在中日甲午战争爆发的前夕，在朝鲜当了10年官的袁世凯回到了天津。在他回国的第二年，即1895年，清政府就在甲午战争中惨败了。清政府认识到了新式陆军的重要性，于是荣禄、李鸿藻奏派袁世凯到天津，扩练驻扎在天津小站的新建陆军。正是这次任命，奠定了袁世凯一生事业的基础。在这里他培植了一批后来成为民国风云人物的亲信徐世昌、段祺瑞、冯国璋、王世珍、曹锟、张勋等。

到达天津小站后，袁世凯积极行动起来。一天，张之洞到小站视察，他发现部队中到处弥漫着对袁世凯的个人迷信，每个士兵都把袁世凯比作"衣食父母"，而且部队的营房里到处都挂着袁世凯的肖像，张之洞大为不解。

袁世凯得意洋洋地向张之洞炫耀说练兵的事，表面上看很复杂，其实也很简单，只要能让士兵"绝对服从命令"就行了。而让士兵绝对服从的手段就是，袁世凯经常派人到各营演说，向士兵灌输自己是所有士兵的衣食父母，大家都是他养活之类的鬼话。

还有一件事，也能说明袁世凯笼络人心的手段。当时，他的手下有个叫阮忠枢的文案，喜欢上了青楼的一个妓女，于是准备买回来做老婆，结果让袁世凯知道了这件事，认为没面子的袁世凯痛骂了这个下属。

但过了一段时间，袁世凯却秘密派人将那个妓女赎了出来，然后收拾了一个华丽的房子，让妓女入住，自己亲自带着这个文案到了新宅里。从此这个下属对袁更加忠实效劳，甚至在袁称帝失败，落到了国人皆曰可杀的地步的时候，阮还在四处活动让袁留任大总统。

从袁世凯甲午战争前回国，到他被派遣到天津小站操练新式陆军之间还发生了一件大事，可以这样说，没有这件事，可能就没有袁世凯的新式陆军，也可以说就没有他的飞黄腾达，以及后来的民国大总统，乃至中华帝国的皇帝了。这件大事就是戊戌变法。

1898 年 4 月 23 日，主张变法的光绪帝颁布《明定国是诏》，戊戌变法正式开始。但是由于变法涉及政治、经济、军事、文化等各个方面，严重危害了顽固守旧势力的利益，因而遭到了顽固势力的强烈反对和阻挠。这些顽固势力中就包括大清朝的实际最高统治者慈禧太后。随着变法的深入，光绪帝和慈禧太后之间的矛盾也逐渐激化，并且形势进一步恶化，山雨欲来风满楼，守旧势力开始预谋政变了。有所察觉的光绪帝颁密诏给维新派，要维新派筹商对策。康有为、梁启超、谭嗣同等维新派的核心人物决定实行兵变，包围颐和园，迫使慈禧太后交权。但他们既没有军队也没有军权。这时候他们想到了袁世凯。

经过多年的韬光养晦，特别是天津小站的练兵，袁世凯的羽翼日益丰满。其实在变法刚刚开始的时候，善于钻营的袁世凯为了飞黄腾达，就开始和主张维新的重要人物有了密切的交往。本质上说，袁世凯并不是那种热衷于维新的人。这一点，从后来他的复辟行为中就能发现，这不过是他的投机行为而已。表现出倾向于变法、积极推动变法的热忱，只不过是为了借机捞一把。

为了获得维新派的信任，袁世凯采取了一些行动。比如，1895

（中立者为袁世凯）

年，主张变法的康有为等人，想给光绪帝上书，但苦于无法见到皇帝。这时候，袁世凯见机行事，主动帮忙到督办军务处，请求当时手握重权的荣禄代递。虽然被荣禄拒绝，但他已经被维新派看成了知己。而袁世凯也从投机中获得了好处，他的职务之所以能够越级提升，主要就是维新党康有为等在光绪帝面前大力举荐才得以实现的。当然，维新派也需要袁世凯的支持，毕竟袁世凯手握重兵——维新派要借袁的兵力，而袁则想通过维新派的荐举，官运亨通。

当时光绪帝的维新变法是得到慈禧的恩准的，袁世凯认为自己支持光绪帝一举两得，对自己没什么不利。他通过维新派的荐举，越级提升，而维新派内部议论的机密事，也不避着袁。袁世凯对戊戌变法假惺惺的关心，赢得了维新志士的信任，因此，在变法危急时才敢把重任托付于他。但袁世凯作为一个在官场里混了多年的投机者，他比任何一个人都清楚，维新势力与守旧势力斗争的双方一边是皇帝，一边是太后，两方面他都得罪不起。而且，随着双方斗争的加剧，袁世凯也越来越提心吊胆，因为他的立场倾向不仅关系到自己的职务，甚至关系到他的身家性命，稍微出现一点问题，他的小命可能都难保。这时候袁世凯觉得光绪帝和维新派的力量远远不是慈禧太后和顽固派的对手，经过权衡，他决定投靠后党走升官之路。

因此，当谭嗣同只身前往袁世凯的寓所法华寺，托以出兵相救的重任，说服袁举兵杀荣禄，包围颐和园，对慈禧太后则或囚或杀时，袁世凯为了保全自己，他用假话哄走了谭嗣同，最终出卖了维新派，直接导致了慈禧太后发动政变，光绪帝也因此被囚。随后，守旧势力大肆搜捕维新人士，康有为、梁启超逃亡日本，谭嗣同等“戊戌六君子”遇害。变法运动最终失败。

（谭嗣同）

当时社会上流传着这样一首歌谣：六君子，头颅送。袁项城，顶子红。卖同党，邀奇功。康与梁，在梦中。不知他，是枭雄。无疑，这是对袁世凯为了升官而出卖维新派的讽刺。

不过讽刺归讽刺，袁世凯还是因告密有功，从此便以慈禧太后和荣禄为靠山，走上了飞黄腾达的捷径。

其实早在维新变法有些风吹草动的时候，心细的袁世凯就有了察

党，难怪他被提升为候补侍郎后，对这样的超擢“自知非分”，唯恐引起后党的猜疑，于自己不利。在被光绪帝召见的当天下午，就急急忙忙四处拜访后党权贵人士，如协办大学士、兵部尚书刚毅，军机大臣、户部尚书王文韶等人，进行解释，以表白自己的心迹，口是心非。

戊戌政变后，西太后对袁世凯十分重视，次年，袁世凯就被升任为工部右侍郎兼山东巡抚，仅仅几年功夫又被从直隶按察使提到直隶总督、外务部尚书。到了1905年北洋六镇编练成军，除第一镇系由清朝贵族铁良统领的旗兵外，其余均为袁世凯小站练兵时的亲信所控制。

为了扩充势力，袁世凯在训练新式陆军的过程中，大力发展工矿企业、修筑铁路、创办巡警、整顿地方政权以及开办新式学堂等，形成了一个以他为首的庞大的北洋军事政治集团，无形中，对清朝贵族集团构成了潜在的威胁。

袁世凯的威胁越来越大，慈禧也开始对这个善于投机的汉族大臣产生了怀疑。但她明白，袁世凯对北洋军的实际控制能力，并非一时就可以解除，就在这时，慈禧又忽然听到这个惊人消息：袁世凯准备废掉光绪！不管袁世凯过去对她立过多大的功，也不管他这次动手的目标正是被她痛恨的光绪，袁世凯的阴谋，使她马上意识到了一种可怕的厄运——爱新觉罗皇朝的厄运，也是她个人的厄运。因此她断然地做出了一项决定，把北洋军段祺瑞（其实是袁世凯安插在北京的心腹，可见袁世凯的狼子野心）的第六镇全部调出北京，然后把陆军部尚书铁良统辖的第一镇调进来接防。

1906年，袁世凯被迫辞去了所有官职，并将自己统治的北洋一、三、五、六镇交陆军部管辖；次年，被调离北洋，到京任军机大臣兼外务部尚书；1909年，又被摄政王载沣罢免一切职务，回河南老家养病。袁世凯因为功高盖主，跌落到了人生的谷底，不过没有多久他又发迹了。

1911年武昌起义爆发了，这让摇摇欲坠的清政府雪上加霜，无奈的清政府只好重新起用袁世凯，任命袁世凯为钦差大臣，节制湖北前线陆海军；接着，又任命其为内阁总理大臣，指挥北洋军队攻占汉口后，回京组阁。

武昌起义爆发后，以孙中山为首的革命党坚持要清朝皇帝退位，拥有重兵的袁世凯就成了革命党争取的对象。革命党人的想法也正中袁世凯的下怀，在担任清政府官员的数年间，袁世凯就有当皇帝的想法，可是有心无胆。因此，对于革命党投来的橄榄枝，袁世凯便以出任大总统为条件，表示效忠共和。紧接着，袁世凯审时度势，逼迫宣统退位，策划兵变，拒绝去南京就任，最终留在了北京成立了北京政府。

袁世凯作为洋务运动的参加者，在血与火的人生经历中，他有着更深的体会。虽然他善于钻营，但仍然不能否认他作为清末最杰出的改革派政治家的一面。袁世凯也有明智的时候，比如对世界大势有过比较清醒的认识。和清王朝的其他几个新星，比如曾国藩或者李鸿章相比，他似乎更先进一些，他比曾、李更善于接受西方文明，也更能够摆脱儒教文化道统的束缚；不过，有利也有弊，他也有不如曾国藩、李鸿章的一面，比如他缺乏曾、李具有的传统道义感。也就是

说，袁世凯可能会为了自身的利益，而忽略别人，甚至整个国家的利益，这从他篡夺中华民国的革命果实，并复辟当皇帝就能看出来。

（民国缔造者孙中山）

果然，1913 年当袁世凯在国会选举中正式当选为民国第一任大总统后，他开始暴露出了集权野心。他利用他手里掌握的政权和军权，逐渐走向集权和专制。

在袁世凯当选大总统之后的这段时间里，发生了一件举国震惊的事件，那就是开篇提到的宋教仁被刺案。宋教仁在辛亥革命后的政治舞台上是个举足轻重的人物，熟悉他的人都说他“头脑明细，手段灵敏”，可以说，宋教仁是国民党当中袁世凯最忌讳和害怕的人物。

面对这样一个人物，奸雄袁世凯岂能无动于衷。他就任临时大总统后，第一次见到宋教仁，发现宋穿的还是十年前留日时做的西装，不禁大为惊讶，便派人暗中了解宋的体型。之后袁世凯为宋送去的西装，比宋自己定做的还要合体。他还送交通银行五十万元的支票一本，请宋自由支用，但宋教仁只留下衣服，支票却让人退还给袁。在宋教仁辞去农林总长后，袁世凯更是有意让他出任总理，但宋教仁坚持政党内阁的主张，所以坚辞不就。

在随后举行的国会两院选举中，国民党大获全胜。宋教仁离家出山，沿江东下，从长沙、武汉、安徽到上海，再到杭州、南京。一路上到处发表演说，批评袁世凯政府，阐述自己的宪政理想，言论风采，倾动一时。这时候袁世凯有了杀宋之心。

当1913年3月20日，宋教仁在上海遇刺身亡后，扫除了集权野心拦路虎的袁世凯自然非常高兴。一不做二不休的袁世凯加紧了篡权的步伐。10月6日，国会在军警压力下，被迫选袁世凯为中华民国的第一任大总统。当袁世凯上任之后，第一件事就是立即下令解散国民党，并收缴国民党议员证书，这距他上任还不到一个月时间，可谓雷厉风行。

因为解散了国民党，导致国会因人数不足而无法开会。仅仅过了两个月，袁世凯又下令解散国会，同时废止了《中华民国临时约法》，并于5月推出新的《中华民国约法》，改内阁制为总统制。之后再修改总统选举法，使总统可无限期连任，新任总统亦由在任总统指派。

这时候的袁世凯对皇帝梦早已蠢蠢欲动——既有权也有实力，有了称帝的资本。不过，他很清楚这种冒天下之大不韪的做法会遭到很多人的声讨。这时他身边的亲信，包括他的大儿子起到了推波助澜的作用。为了让父亲相信舆论拥戴他称帝，袁的大儿子竟然特地印刷了假的《顺天时报》。

《顺天时报》是一份由日本人办的中文报纸，读《顺天时报》早已成了袁世凯的生活习惯。因为这份报纸是日本人办的，因此并不忌讳政治敏感话题，相反，它更是对“反对帝制复辟”情有独钟。

为了避免报纸动摇袁世凯当皇帝的信心，袁世凯的儿子亲自出了

几万块银元购买了印刷设备，然后按照《顺天时报》的固定格式，把反对帝制的文章改成拥护帝制的，印刷以后送进父亲官邸。拥护袁世凯称帝的人并不止他的儿子一人，袁世凯身旁的亲信为了各自的私人目的，都怂恿袁世凯称帝。

順天時報

（日本人办的《顺天时报》）

当时，袁世凯身边有个人物，名叫杨度，袁世凯解散国会后，任参政院参政，这时也竭力鼓吹帝制复辟，并且写了《君宪救国论》，深得袁世凯的赞许。1915年8月，杨度在袁世凯授意下，成立筹划帝制的筹安会，在全国发起了复辟帝制的舆论攻势。

参政院在用奏折向袁世凯陈述称帝的必要时，袁世凯同意复辟帝制，但却又说：我是宣誓过发扬共和精神的，现在如果自己当皇帝，那不是背信弃义吗？还希望你们能深思熟虑，另找他人来当皇帝吧。

下属们都很清楚袁世凯的真实想法，因此在袁世凯拒绝之后，他们又写了一份拥戴书，将袁世凯吹得天翻地覆，芝麻粒大点的成绩，被属下吹得有西瓜大。既然袁大总统已经赞成将国家机制改成君主政体，那么原来的资产阶级式的民国就应该废止了；同理，既然民国都已经不存在了，我们的袁大总统当初就任民国总统时效忠共和的誓言自然也就失效了。换句话说，他当时立下的誓言因为客观原因而不存在，这就不是他的责任了——事实上，当袁世凯有这种想法的时候，他已经堂而皇之地开始了规划他的皇帝生涯。

不过也并不是所有的人都支持袁世凯复辟。此时，黎元洪选择了沉默；徐世昌、段祺瑞、冯国璋等他手下的得力大将都表示反对或持保留态度；特别是梁启超，逐渐看清袁世凯的本质，更是在后来发表《异哉所谓国体问题者》一文，对袁世凯意欲复辟帝制的行为予以抨击，并与蔡锷密谋反袁。

（民国银元上的袁世凯头像）

徐世昌就说过，一向聪慧过人、善于权术的袁世凯，却栽在了称帝这件事上。袁世凯准备称帝时，为了得到日本人的支持，他秘密和日本政府进行了交涉，并接受了《二十一条》，承认日本享有德国在山东的一切权利并加以扩大；要求旅大租借期限及南满、安奉两铁路延长为 99 年，并承认日本在南满及内蒙东部的特殊权利；中国沿海港湾及岛屿，不得租借或割让给其他国家……

不过因为国内民众的强烈抗议和声讨，《二十一条》并没有切实实施，同时也打击了袁世凯的声望。袁世凯本意是想以此换取日本对他复辟帝制的支持，结果落了一场空。

这些都没有阻止袁世凯称帝的决心。袁世凯一意孤行，将他的登基大典定在了 1916 年的元旦。袁世凯没想到的是，就在他筹划着登基的时候，如火如荼的护国起义爆发了。洪宪帝制一出台，便遭到全国上下的唾骂和声讨，在家乡被骂为汉奸，他先前的好友梁启超更是

称其为“下贱无耻、蠕蠕而动的嬖人”。

1915年12月23日，云南护国军起义，虽然护国军的力量还不足以打败袁世凯，却促使贵州、广西、陕西、浙江等省先后独立。更让袁世凯失望的是，他亲手栽培的得力助手段祺瑞和冯国璋，却在他最需要他们的时候，背叛了他——段祺瑞早在袁世凯筹划着复辟的时候，就聪明地辞去总长的职务，以生病为借口离开；而冯国璋，当时任江苏将军，坐镇南京，因为他离袁世凯较远，因此不必担心，而是拥兵观望；而袁世凯的国务卿徐世昌也在劝说袁世凯不要称帝无效的情况下，辞职而去了。

（中日双方签订《二十一条》）

在护国军的进攻和全国人民的声讨下，袁世凯被迫于1916年3月22日取消帝制，次日废除洪宪年号，这个做了仅仅83天的皇帝就这样黯然下台了。同年6月6日，在这个国人看来顺顺当当的日子里，袁世凯一命呜呼，离开了这个风云多变的人世。当袁世凯在全国人民的叫骂和声讨中悲凉地死去的时候，他还不忘记对这个曾经被他称为“旷代逸才”的人喊上一声“杨度误我！”

其实，袁世凯本来有机会成为彪炳青史的历史伟人，但他一意孤行，逐渐背弃宪政共和原则，权欲恶性膨胀，逆天而行复辟之路，想当皇帝。这种不顺应历史，逆天而行的行为，只不过是他一个人想当然的梦而已。

袁世凯，这个在晚清的熔炉里炼就的人物，体现着新旧思想的冲突，有着新思想，也存在着保守和落后的思维方式。因为他代表的是新旧军阀、实力派的利益，不可避免地会与民国初期的民主力量发生激烈的冲突。自然他也只会维护自己的利益。因为他的专制，由曾经声势浩大的民主力量主导的宪政民主实验，最终被证明是十分脆弱的。

因为思想落后以及专制，自从当上总统之后，袁世凯就逐渐背离了民国成立时倡导的宪政共和，他开始利用手里的实权把权力变成了自己的私人物品——总统的宝座他想坐多久就坐多久，想交给谁就交给谁。不过，他总觉得当总统还是没有保障的，说不定哪天自己下台了，自己的儿子呢，子孙后代呢？还有保障吗？看来只有当了皇帝，这种担忧才能化解。因此，随着袁世凯权力欲望的膨胀，他开始朝着死亡的深渊走去。

袁世凯作为一个大智慧的政客，能熟知官场脉络，懂得恰当好处地逢迎拍马，而且能在清末政坛上以改革派的形象赢得良好声誉，并在逼迫溥仪退位，创立中华民国上面起到了积极的作用。但袁世凯，

作为一个新旧参半的人物，始终无法脱离他的陈旧的官僚封建思想。

不过，对于二十世纪民国初期这段开局，袁世凯固然要负首要责任，难辞其咎，这段开局倘若处理好，或许整个二十世纪的政局会焕然一新，也未可知。只是他一错再错，为了一己私利破坏共和，逆天逆历史而行，最终导致自己身败名裂。他自始至终导演的皇帝登基，只不过是一场梦而已。而对于袁世凯来说，他的梦短暂而悲凉，也给了我们的后人很多借鉴的教训吧。

另外，袁世凯也有任事之才、治军之能，可以称得上是晚清一位务实干练的能臣，而且之后加入改革派，建新学的学校，主张废科举，引进西方学说，又成立一支警察部队，令中国军警分离。袁世凯对中国的军事和工业化，都有极大的贡献。然而袁世凯只有当臣之才，却无为君之能，加上他不切实际的皇帝梦，使得中国陷入长期的南北分裂，军阀混战。给中国本已伤痕累累的历史再划一道伤口。

顾维钧，我的1919年

无疑，顾维钧是一位功不可没的爱国外交官。他一生的传记，就是现代中国的一部外交史。他一生坚毅果敢地为国为民，注定会永垂不朽。晚清政府倒下了，民国政府建立了，可是民国政府似乎依然延续着晚清的历史悲剧，但正是由于顾维钧这样的英才，才使得中国看到了希望，看到了黎明。

1918年11月11日，随着德国政府代表和协约国联军总司令福煦在法国雷东德车站签署停战协定，德国投降，历时四年多的第一次世界大战终于结束了。

紧接着，1919年1月18日，胜利的各帝国主义国家在法国巴黎进行了“分赃”，这就是历史上著名的“巴黎和会”。这次会议有27个国家参加。会议形式分为三种：一是全体大会，各国代表都参加，但规定美、日、意、英、法五大强国各五席，少数国家得到三席，大多数国家如中国两席；二是最高会议，由五大国首脑和外长组成，也

称“十人会”，后来又成立“四人会”，由美国总统威尔逊、英国首相劳合·乔治、法国总统克里蒙梭、意大利首相奥兰多组成；三是专门委员会，各有关国家参加。克里蒙梭被选为和会主席。

和会召开后，各个帝国主义国家对中国的利益置之不顾，中国虽然是“参战国”和“战胜国”，但仍是一只被豺虎欺凌、伤害的羔羊。

一战爆发后，随着战争的深入，英国、法国、美国、日本等国在中国参战问题上展开了激烈的争夺，为拉中国参战，这几个国家许诺“保证中国会取得大国的地位”。它们承诺，中国参战后，协约国相继向中国保证，支持中国享有国际大国地位，并于 9 月 8 日对中国所提出的参战条件作了答复：第一，庚子赔款暂缓 5 年偿还（俄国只允暂缓一部分），不另加利息，并撤销对德奥的赔款；第二，增加 5%关税的原则，具体办法另行议定；第三，天津周围 20 里内中国军队可以暂时驻扎，以防范德奥两国侨民的行动。就这样，在一战即将结束的 1917 年 8 月 14 日，中国政府对德奥宣战。

中国不仅仅参加了直接对德作战，还派遣了大量的劳工进入欧洲。战争残酷而惨烈，在这次战争中，飞机，坦克，潜艇，水雷，毒气弹等第一次大规模地出现在战场上，其强大的杀伤力和破坏力，在战争开始的头两年很快让自认为强大的英法联军感觉到兵力和劳力的短缺。他们开始从各自的殖民地招募大批的外籍士兵，而劳动力丰富的中国也早早被盯上了。经英、法、俄等协约国与当时的中国北洋政府协商，14 万华工被从中国招募而来，前往欧洲战场充当从事后勤补给工作的劳工。1914 年 8 月 14 日，北洋政府对德宣战，他们又成为代表中国参战的战士。这 14 万中国民工来到法国后，冒着枪林弹雨挖战壕，修工事，装卸炮弹，救护伤员，掩埋尸体，做别人所不能做、不愿做的工作，许多人献出自己的生命，他们以自己的方式协助英法等国，战胜人类历史上的大浩劫。此外，中国还为协约国家提供了大批粮食等援助。

战争结束后，作为战胜国，中国有权收回被德国占领的领土，大部分国人都迫切希望国家能通过巴黎和会收回山东，甚至废除几十年来西方列强强加给中国的各种不平等条约。

（巴黎和会）

中国经过努力，冲破了日本的阻挠，以参战国的资格参加了和会。就这样，1919 年 1 月，在外交总长陆徵祥的带领下，顾维钧等几位代表踏上了巴黎之路。北京政府给代表团的最主要的任务就是收回战前德国在山东的一切利益，这些利益不得由日本继承。

其实早在一年前的 1918 年，作为中国驻美国的公使顾维钧就已经意

识到，在战争结束后的和平会议上，中国有可能收回一些丧失的利益。这对于遭受列强侵略，屈辱了近百年的中国终于有了挽回颜面的机会，因此他特意在使馆内成立了资料小组，并积极收集、研究美国对巴黎和会的动向。顾维钧还准确地预测到日本战后要在东亚崛起，他们的势力必然会影响到中国。这里所说的影响，可以说是经济的，也可以说是武力、军事的，如果中国不及时做好准备，将进一步丧失权利。因为顾维钧在美国生活了很多年，而且又和出席巴黎和会的美国总统威尔逊有私交。因此，在他的建议下，北洋政府制定了依赖美国的外交政策。年仅30岁的顾维钧也被派作巴黎和会的和谈代表。

但到了巴黎之后，顾维钧和其他的代表发现巴黎和会是分层次的，中国被列为第三等的国家，只能派两个代表。因而问题又出现了，按照原来的计划，是有5个席位的，现在锐减为两个，到底派谁去比较合适呢？五位代表都想当全权代表，可谁也不表态。

在顾维钧看来，陆徵祥是中国外交总长，又是代表团团长，理应排在第一位。而王正廷博士，是陆徵祥拉来的南方军政府代表。为显示中国一致对外，排在第二位也未尝不可。驻英公使施肇基和外交部秘书长魏辰祖都是外交界的前辈，自己排在第五位是比较合适的。

中国代表团代表顺序排定以后，报至北京。北洋政府大总统徐世昌对这个决定十分不满。他曾私下断言陆徵祥充其量也就是个大礼官式的人，更何况身体极差。一旦病了，代表团的领导权就会落入南方代表手中。于是发来训令，将顾维钧排在了第二位。

顾维钧预感到这个决定必将在代表团内部造成摩擦。因为不论年龄，还是资历，顾维钧都是最浅的，被北京政府任命为排位第二的代

（参加巴黎和会的各国代表）

表，自然会引起代表团内的排名矛盾。事实上，当时的矛盾和压力并非仅仅来自于自己和外国列强，来自国内的问题也很大——巴黎和会召开不久，中国国内对峙多年的南北政府终于坐下来进行和谈。由于北洋军阀首领段祺瑞企图依靠日本演练新军，以“武力统一”中国。为此他暗中授意北方代表，和谈只许失败，不许成功。因此，在代表团到达巴黎不到半个月的 2 月 4 日，北洋政府给巴黎和会中国代表团发来了急电：“东方之事，当由日中双方协商解决，一定不要再提出与日本代表不同的意见，并且要避免与日本代表团发生正面冲突。”

顾维钧当即指出，这种座位变化必须改变，否则代表团的会议将没法再开下去。他努力团结代表团的成员，一致对外——中国当时面临的情况非常严峻。整个代表团齐心协力，团结一致，这个任务尚且非常难，如果代表团中间还有各种各样的矛盾，困难自然就会更大。

自中国代表团抵达巴黎后，顾维钧和其他成员，虽然内部有矛盾，但在对外上，还是一致的，他们都期待着能有机会在“十人会”上阐明中国的立场。不过连顾维钧都没想到的是，这个机会竟然来得很快。

1919年的1月27日中午，美国代表团顾问威廉士突然通报顾维钧，中国将被邀请出席下午的“十人会”。在下午的会议上，日本代表以傲慢的口吻发表了自己的声明，他们认为胶州湾租借地以及铁路和德国在山东的所有权利，应该无条件转让给日本。山东问题也应在日、中两国之间以双方所商定的条约、协议为基础来解决。

（顾维钧）

由于事关中国，和会请中国代表团就此进行说明。中国代表团原以为山东问题可以包括在废除不平等条约的提案中，因此并未做专门的准备。在得到中国代表团表示需要时间准备发言后，克里孟梭宣布休会。中国代表团将在第二天给予答复，但由谁来说明成了问题。代表们以对山东问题不熟悉为由推顾维钧代表中国发言——真正到做事的时候大家又互相推脱，但是排名次的时候，大家又有点意气之争。顾维钧没有退让，毅然决定挑起了这一重担。

这时候的顾维钧的压力无疑是巨大的，他在1月28日代表中国在十人委员会上发言前，特地去了巴黎郊外的华工墓地。一战期间，中国共向欧洲战场输送了14万多名华工和大量的粮食，为协约国的胜利做出了巨大的贡献。近万名华工死于那场战争。根据当时国内的条件，中国向欧洲战场输送那么多劳工，已经是尽了自己的最大努力了。如果山东问题在这次和会上得不到公正解决的话，所有因为这次战争而牺牲的中国人即使在九泉之下也不能瞑目。因此，对于顾维钧来说，这次演讲并非他一个人的行为，而是代表了整个国家。

经过细致的准备，顾维钧在由英、美、法、日、意五国组成的和会最高机构“十人会”上代表中国发言。这是顾维钧第一次在国际外交舞台上作长篇演讲，而面对的是美国总统威尔逊、英国首相劳合·乔治、法国总理克里孟梭这些世界著名的政治家。在经历了最初的紧张后，顾维钧随即就充满激情地全身心地投入到演讲中去了。在发言中，顾维钧采取避实击虚的外交策略。他首先感谢日本帮助中国驱逐了德国，但又避而不谈《二十一条》和1918年的换约问题，而从中国的文化、地理、经济入手来说服各国的代表。

在发言的时候，顾维钧并不是简单地说你不应该继承，而是是从国际法的角度来讲，即使根据中德之间的条约，德国战败了，也没有权利将自己在中国的权益转然给别的国家。因此，顾维钧强调，日本人希望从德国获得其在山东的权利是没有任何依据的，也是不合情理的。由于顾维钧的一切言论都是从法理上来论证的，因此他的发言不仅说理充分，而且有根有据，和日本代表欲言又止、吞吞吐吐，仿佛做了什么见不得人的事，与在此前的发言形成了鲜明的对比，这也深深打动了与会的各国代表。

“中国的孔子有如西方的耶稣，中国不能失去山东正如西方不能失去耶路撒冷。”顾维钧的这句名言，被《费加罗邮报》等多家重要报纸引用。顾维钧轰动了整个巴黎。参加和会的代表中，有不少弱小国家和民族的代表像阿拉伯的费舍尔亲王和印度的土邦主们。顾维钧的发言也使他们看到了希望。代表团还收到国内各界发来的大量贺电。中国在和会上的命运看上去似乎一片光明。连美国总统威尔逊等大国代表均声言

道贺，称这一发言是中国主权观的卓越论述。中国代表团离开会场时，许多与会者纷纷将中国代表团围住，向顾维钧表示祝贺。

不过，巴黎和会只不过是帝国主义的分赃会议，它是不会将弱小国家的利益放在眼里的。早在战争还没有结束的1918年1月，美国总统威尔逊就曾发表过《十四点宣言》。其中规定的国际盟约不得秘密行事，国无大小一律平等原则得到了世界各国的广泛认可。许多国家，尤其是日本，曾签订了众多有损中国主权的秘密条约，如《二十一条》。每当中国在外交上独立行动时，这些国家即以密约为依据处处限制中国的行动。因此，威尔逊的主张对中国外交显然是有利的。但这只不过是西方国家迷惑人的幌子，以威尔逊为首而召开的巴黎和会标榜通过媾和建立世界永久和平的会议，实际上是英国、法国、美国、日本、意大利帝国主义战胜国分配战争赃物，重新瓜分世界，策划反对无产阶级革命和民族解放运动的会议。

1919年4月中旬，欧洲分赃基本完成，和会便将讨论的重心转移到了山东问题上。日本公使西圆寺在和会上像野狗发春一样叫唤，除非日本的要求得到满足，否则他将拒绝签订和约并且不参加国际联盟。在此之前，由于意大利没有实现自己的目的，已经提前宣布退出会议了。于是日本看准机会，借机要挟英美等国家，如果不答应自己的要求，就宣布退

（民众反对巴黎和会对中国的不公正待遇）

出，当然这种要挟是暗地里进行的。

对于日本人的提议，法国人和英国人自然不会反对。一方面它们要寻求日本支持自己的利益，另一方面它们与日本早已有密约在先。日本的威胁击中了威尔逊的软肋，英法也对美国施加了压力，结果威尔逊临时“倒戈”，反过来支持日本。

4月22日，威尔逊、克里孟梭和劳合·乔治真诚而友善地约见了中国代表陆徵祥和顾维钧，然后假惺惺地说，我们已经考虑到了中国的切实利益，表面上说，日本将获得胶州租借地和德国在山东的全部权益，我们会再要求日本把租借地归还中国，但归还后仍享有包括胶济铁路在内的全部经济权利。最后他们更是半威胁半哄骗地说，这是目前情况下所能寻求的解决山东问题的最佳方案。

顾维钧代表陆徵祥回答：“这个方案只能使中国人民大失所望，况且这个方案只字不提日本归还山东的时间表。中国要求不是由日本而是由德国直接归还这些权利。”英国首相劳合·乔治蛮横地打断了顾维钧的话：“中国是愿意接受中日之间早就制定的那个方案呢，还是采纳刚才所谈的方案？”

顾维钧早已愤怒不已，这个时候再也顾不上外交礼节，他跳起来愤怒地说：“这两个方案我们都无法接受！”但是顾维钧的愤怒并没有改变中国遭受的不公正待遇，1919年4月29日，美、英、法三国代表约见出席和会的中国代表，把最高会议决定的方案通知中国，最终决定将日本的无理要求纳入对德和约，规定中国将德国在山东的一切权益均让与日本。

6月28日，也就是所谓的“和平会议”巴黎和会的闭幕典礼，在

那些所谓的胜利者的欢呼声中召开了，但他们发现，在为中国全权代表预留的两把座椅上空无一人。对于中国来说，当没有能力按照自己的意愿争得正义的话，也许默默的抗议成了不二的选择——当然，代表们也可以坐下来签字，但顾维钧没有这样做，而是堂堂正正地选择离开。

在列强们的惊异、激动、愕然等错综复杂的情绪里，中国代表团已经踏上了回国的路。正如顾维钧所说的：“汽车缓缓行驶在黎明的晨曦中，我觉得一切都是那样黯淡——那天色、那树影，那沉寂的街道。我想，这一天必将被视为一个悲惨的日子，留存于中国历史上。同时，我暗自想象着和会闭幕典礼的盛况，想象着当出席和会的代表们看到为中国全权代表留着的两把椅子上一直空荡无人时，将会怎样地惊异、激动。”

《伊索寓言》中有这样一个故事：狼在河的上游，责备下游的羊把水搅浑了。羊说，他在下游喝水，不可能把上游的水搅浑。狼又说，但是你去年骂了我爸爸。羊回答说，那时候他还没有出生。狼于是对羊说，即使你善于辩解，我还是要吃了你。

参加巴黎和会的中国代表顾维钧说，这段寓言是对旧中国外交的最好注解。其时，顾维钧面临着三种选择：

第一，代表中国政府签字。在由英、法、美等大国控制的和会上，可能很多人都明白，山东问题已经无法挽回，而且就连北洋政府也已经决定签字了。代表团团长、外交总长陆徵祥惧怕拒签的后果因而也倾向于签字。应该说，大部分代表都主张签字的。

第二，乘机推脱，然后溜走。可以想象，列强们和中国政府都主张签字，而国内的民众自然不愿意签字。如果代表中国政府签字的话，就会沦为民族的罪人，反之，就违抗了政府的命令。在这个两难的境地里，也许溜走是最明哲保身的做法。

这种情况，在其他成员身上就表现出来了。正式代表驻英公使施肇基在6月上旬离开巴黎返回伦敦；6月中旬，陆徵祥以生病为由请辞外交总长一职，并且还没等到中央政府同意就住进了医院；而在这五人中，顾维钧资历最浅，他完全可以像其他人一样摆脱责任，趁机溜掉。

第三，拒绝签约。顾维钧非常清楚签约的后果，正如顾维钧所说的："日本志在侵略，不可不留意，山东形势关乎全国，较东三省利害尤巨。不签字的话，全国人民都会团结起来一同抗日；如果签约的话，不仅自己是民族罪人，也会给中国带来非常不利的影响。"因此，在其他成员都打退堂鼓的时候，在面临着可签可溜的严峻形势，顾维钧勇敢地挑起了中国代表团的重任，成为代表团后期实际的主持人，在最终拒绝签署对德和约中起到了决定性的作用。

在巴黎和会上，中国最终以山东被转租给日本而失败告终，但是巴黎和会的失败，却客观地成就了顾维钧。原因在于，拒签字顺应了民意，得到了国内民众和舆论的支持和欢迎，也赢得了国际社会的尊敬和钦佩。

首先，没有几个人能在内外交困的时候坚持下来，顾维钧做到了。作为外交官，国家的利益高于个人的利益，必要的时候为了国家的利益还要牺牲个人利益。这样的道理每个人都懂，但真正做到的人并不多。顾维钧做到了。

实际上，在巴黎之行的前段时间，顾维钧的妻子就因西班牙流感刚刚去世，妻子去世的时候还留下了两个孩子，而幼子仅仅几个月大。妻子去世的打击，让顾维钧曾一度考虑过辞职，并且递交了辞呈。在这个

（街头演说反对巴黎和会）

重要的时刻宣布辞职，无疑对北洋政府的打击也很大，因为在这段时间里，其他几个人物因为流感，有死儿子的，也有死太太的，整个中国使馆笼罩在悲伤、消沉的气氛中。在其他人员都选择退缩的时候，顾维钧唯有挑起重担，毅然接受了参加巴黎和会的使命。

同样，在巴黎和会上，作为中国代表团中年龄最小，资历最浅的人，顾维钧可以有许多选择，比如，他可不必为代表团的成败承担过多责任。但是，在其他人选择退缩的情况下，他又一次承担起了主要责任，并通过自己的努力为中国赢得了国际社会的广泛同情和支持。更在和会的最后阶段，在代表团内部矛盾重重、四分五裂的时候，率领中国代表团坚决拒签《巴黎和约》，维护了国家的尊严，为近代中国外交写下了绚烂的一笔。不管成败与否，我们都应该承认，没有顾维钧，也许中国会更惨败。

其次，顾维钧的睿智以及把握民心和历史潮流的能力让人钦佩。顾维钧在巴黎和会上的表现无疑让人钦佩，就连美英法的国家元首都对顾维钧的精彩表现而感叹和佩服不已，甚至中国的敌人，日本的谈判代表，也不得不承认，顾维钧的精彩演讲和谈判技巧给他们带来了非常大的压力和不利影响。

顾维钧作为民国第一外交官，他具有高度的历史使命感，准确把握了历史的发展方向。面对列强逼迫中国签约，代表团内部又四分五裂的危机局面，如果顾维钧和其他代表一样，为了个人利益，选择逃避，或者屈从于压力而签约，必然被民众痛骂和被历史所唾弃。但顾维钧始终都保持着清醒的头脑，他认识到了民心不可侮，民意不可违，中国要求自由、独立和解放是历史发展的必然趋势，因此他最终选择了拒签。可以说，虽然中国失败了，但他的这一决定却是非常明智的。

再次，顾维钧的表现足以证明，弱国并非没有外交，而是需要杰出的外交家。“弱国无外交”这句话一直都被用来概括近代中国在外交上屡遭屈辱的常用语；也就是说，发言权是建立在拥有实力的基础上的，没有实力的国家是没有发言权的。不过，这并不意味着弱国在外交上没有一点影响——在近代近百年的国际外交史上，小国、弱国外交取得胜利的不在少数。虽然中国人在巴黎和会上的努力以失败而告终，一个精明的外交家无法改变历史的命运，但顾维钧在巴黎和会上精彩的表现，至少让所有藐视我们的人清楚，没有实力不代表没有志气。

对于近代饱受屈辱的中华民族来说，也许如巴黎和会一样，悲惨的日子多到无以计数，这些日子因为岁月的流逝，可能会被后人轻易就遗

忘了。但是顾维钧和中国这段屈辱悲愤的往事，却深深地记录在了中国历史以及世界历史上。

可以肯定的是，在为列强侵略屈辱的百年时间里，顾维钧拒绝在和会上签字的行为打破了近代以来中国在与列强交涉中“始争终让”的惯例——在中国需要她的外交官为主权挺身而出的时刻，31 岁的顾维钧义无反顾地承担起了历史的重任。这次拒签在中国的外交史上，具有里程碑式的意义。中国第一次坚决地对列强说“不”，终于打破了“始争终让”的外交局面。这也是中国外交胜利的起点。以后，中国一步步夺回了丧失的主权。

现在，巴黎和会整整过去了 90 个春秋，回想起这段历史，依然能给后人带来很多的感慨。顾维钧为了国家，在列强决定牺牲中国的利益之后，做了巨大的努力，力图为国家争取最大的利益。弱国无外交，现在人们似乎更应该反思，在这个弱肉强食的世界里，我们应该怎样做，才能避免悲剧的再次发生。

对于顾维钧，无疑是一位功不可没的爱国外交官，他一身的传记，已经是现代中国的一部外交史。他一生坚毅果敢地为国为民，注定会永垂不朽。晚清政府倒下了，民国政府建立了，可是民国政府似乎依然延续着晚清的历史悲剧，但正是由于顾维钧这样的英才，才使得中国看到了希望，看到了黎明。

失地在哭泣——晚清王朝下的国土之痛

沙俄对中国国土的践踏和侵略，成为华夏儿女永远也抹不去的伤痛，也是一笔永远也追不回来的债。面对这段中国历史上最为黑暗的历史，或喜或悲，判若云泥。独特的遭遇不仅让中国永远失去了受人尊敬的东方强国地位，也险些失去了整个国家。失去的永远无法挽回，所以这是一段中国人不愿意记起的伤痛史，也是中华民族最沉痛最耻辱的回忆。国土的哭泣，民族的哭泣，一直警醒全体华夏子孙，寸土不能再失，中国必须富强。

1929 年 7 月至 12 月爆发的“中东路事变”可谓是中苏之间最大规模的武装冲突，双方动用的一线兵力保守估计也超过 20 万，战事持续近 5 个月之久，最终以东北军的失败而告终。

中东铁路，是沙俄侵华的产物，它由主线和支线共同组成，从 1897 年开始，修建至 1903 年才得以贯通，全长 2437 公里，穿行黑龙江、吉林和辽宁三省，成为沙俄对中国东北进行经济、政治和军事侵

略的工具与基地。沙俄除独揽经营大权外，还夺取了所谓铁路属地的行政和司法特权，以及一系列的经济特权，日俄战争后，俄国更在沿线驻军达十余万。

早在 1928 年，东北军统帅张学良在改旗易帜归顺南京国民政府之后，就曾向前苏联提过对东北的铁路主权要求。当时，北满铁路由前苏联控制，而南满铁路则由日本人控制。其时，前苏联的经济实力和军事实力都排在世界的前列，相反，中国积贫积弱、内战纷争，和前苏联不可同日而语。拥有铁路权的前苏联人自然不会将到嘴边的肉吐出来。

1929 年，张学良对前苏联人的野蛮行径愤恨不已，他拘捕了前苏联北满铁路局领事馆的官员，以他们在中国进行非法宣传，破坏中国稳定为理由来拘捕，然后将前苏联职员遣送回国。

（修建中东铁路的中国劳工）

张学良的举动，得罪了前苏联，成了前苏联引兵进入中国的借口。这起纠纷的结局是，前苏联军队在1929年长驱直入进入中国东北境内，并占据了东北的一些重要地区。结果“中东铁路事件”回到了原点，即前苏联人又重新“获得”了在中东铁路的“工作权”。但是，好端端的中国领土——黑瞎子岛，却从此成为前苏联的囊中之物！

追溯历史，几百年前的中俄两国本不是近邻，更是八竿子打不着的亲戚，之所以有了后来剪不断，理还乱的纠葛缠绕，完全是历史演变的结果。

中国作为地球上最悠久的文明古国之一，几千年来一直是世界上最强大的帝国，没有哪个国家敢于和中国抗衡。到了唐朝时，中国的版图东边囊括了整个东北、俄罗斯远东地区及朝鲜的大部分；北边推进到了蒙古高原；西北占有整个新疆，势力遍及现在的中亚各国及阿富汗一带，最远达到咸海东岸。到了13世纪，蒙古民族崛起，四处扩张，几乎统一了亚洲大陆。但是到了明朝末年，国势日衰，边疆的许多地区都失掉了。

而清王朝的建立以及它的奋力开拓，东征西讨，终于一统整个东北及俄罗斯远东地区。到了清太宗时期，又统一了全部蒙古、青海和西藏。乾隆时灭掉准噶尔部，统一新疆全部，疆域外延到了巴尔喀什湖以东以南一带。至此，中国版图在清朝达到全盛，面积有1200多万平方公里。

而俄罗斯，在元帝国时代，公元13世纪的时候，地处欧洲东部的俄罗斯还只是以莫斯科公国形式存在的一个弹丸小国。和其他周围的小国

一样，受蒙古金帐汗国的统辖。从元末摆脱蒙古人的统治到建立独立的国家，至今也只是五百年的时间。从 1547 年伊凡四世自称沙皇开始，一直到 17 世纪，俄罗斯始终是一个落后的封建农奴制国家。

（彼得一世）

然而，俄罗斯的历史造就了一位伟大的英雄，那就是第四代沙皇——彼得一世。彼得一世是一个很有抱负和野心的人，执政后，曾经匿名冒险化妆出使西方，在西方国家学习西方的先进科技和文化，回国后在俄罗斯掀起了一股大力改革的浪潮。兴办教育，发展工业，改革官僚体制，大力组建军队。为了夺取波罗的海的出海口，彼得一世不惜和北方的瑞典进行长达21年的战争，史称“北方战争”。这场战争最终抢夺了瑞典的芬兰湾等土地，建立俄罗斯通向西方的窗口——彼得堡。1721年，俄罗斯改称俄罗斯帝国。在继彼得大帝之后俄罗斯历史又出现了另一位野心家，一位残暴的女君王——叶卡捷琳娜。叶卡捷琳娜积极发动对外战争，疯狂扩张俄罗斯领土，占领了波兰62%的领土，并在这块抢来的土地上实行残暴统治。

在亚洲叶卡捷琳娜通过建筑军事堡垒，蚕食高加索，入侵中亚哈萨克草原，到18世纪80年代，俄罗斯占领了西伯利亚北部，获得了丰富的森林和矿产资源。越过亚洲东北部渡过天平洋，占领阿拉斯加，并在加利福尼亚建立俄罗斯的殖民地。俄罗斯成为地跨亚、欧、北美三大洲的大帝国。

大约在1638年，俄国以在鄂毕河流域建立的雅库茨克为基地，开始向东南方扩张，不久，到达了黑龙江流域。当时，生活在这里的主要是额尔古纳河以西的布里亚特蒙古人和河东的达斡尔人、鄂伦春人、赫哲人等少数民族。他们都受归清王朝管辖。

俄国人到了这里后，在黑龙江源头石勒喀河以西修建了尼布楚城，在黑龙江北岸修建了雅克萨城，以此作为据点，四处烧杀抢掠，无恶不作，逐步向黑龙江以东以南蚕食。清朝在黑龙江一带没有驻军，离此最近的驻军地尚在远隔千里的牡丹江流域的宁古塔（今黑龙江宁安），因此对俄军的侵扰鞭长莫及。

在中国的清朝初期，俄国野心逐渐增大，开始着手侵略中国。当时清朝入关不久，国库空虚，财力不支，再加上中原平叛，北方领土清政府无暇顾及，任由沙俄折腾。这样的局面持续了三十多年。到了康熙二十年（1681 年）以后，整个中原都已平定，三藩削平，台湾收复，中国的国势日益昌盛。这时，康熙帝终于下决心解决北方边境的问题。当时的俄国虽然领土庞大，但力量薄弱，根本无法抗衡强大的清朝军队。从 1683 年到 1686 年，清朝出动大军连续发起了两次雅克萨之战，击溃了侵入东北的俄军主力。清军当时完全有实力全歼俄军，剩勇追穷寇，将势力扩张到西伯利亚地区。然而，康熙帝并没有这样做，最后两家回到了谈判桌上，签订了中国历史上唯一的平等条约《尼布楚条约》。

但是条约只换来短暂的安静，沙皇侵占中国领土的野心却一直没有灭。在第二次鸦片战争中，沙皇俄国趁火打劫，对清政府实行讹诈，强割中国东北和西北大片领土，并于 1858 年趁英法联军攻陷大沽、威胁北京之际，用武力逼迫清政府签订了不平等条约——《瑷珲条约》。沙俄曾怂恿和默许日本侵占清朝的附属国朝鲜。蓄谋已久的日本在黄海击败了北洋水师，清廷被迫签署丧权辱国的《马关条约》（1895 年）。俄罗斯再次趁火打劫，攫取俄罗斯在东北的特权，并强租旅顺。

1856 年，第二次鸦片战争爆发，此时俄国乘机介入，假意帮助中国向英法调停，连威胁带欺骗，逼迫清廷签订了《瑷珲条约》，由此割去了外兴安岭以南，黑龙江以北的 60 万平方公里土地，并将乌苏里江以东包括库页岛在内的 40 万平方公里土地划为两国共管。

1860 年，俄国再次采用欺骗手段，以要退出向英法调停为名，逼清廷又与其签订了《北京条约》，将乌苏里江以东所谓“共管”土地全

（《瑷珲条约》签订后俄国军队进入中国边境城市）

部割走。通过这两个条约，俄国不费一枪一弹，从中国夺取了100万平方公里土地，相当于法德两国的面积总和。

被俄国抢去的中国领土大多都是富饶之地，全境原始森林密布，有广阔的荒原湿地，蕴藏丰富的煤铁和石油资源。水量巨大和渔产丰富的

黑龙江下游地区从此脱离了中国的怀抱，而中国也永远失去了东北的入海口。而且历史已经证明，像中国东北这样的地区，既资源丰富又适合人类居住，无论是工农业还是生态开发上都有着巨大的潜力。在人烟稠密的地区已经开发净尽的今天，这些地区已经成为了国家的生命线。中国失去了黑龙江中下游的广大黑土区，其损失和影响之巨大怎么估计也不过分。

到了1864年，沙皇俄国费时尽百年，终于征服了大、中、小三帐哈萨克政权，与中国的西北边界接壤了。沙俄政府乘中国太平天国内乱方息，以武力相威胁，逼迫腐败的清朝与其签订了《勘分西北界约记》。约记规定中俄的边界线以常驻卡伦，也就是边界哨卡为标志，而俄国单方面划定的地图，已远远越过了中国的边界卡伦，深入新疆内地。当清朝谈判代表提出异议时，俄国竟出动大军，将孤立无援的清军从卡伦一路驱逐到了俄国的主张边界内，蛮横地夺占了中国近44万平方公里土地。这些地区都是新疆西北部最肥沃的耕地和草原，还有天山山脉周围的众多湖泊。其中，有巴尔喀什湖，面积达2万平方公里，是中国原来最大的咸水湖；伊塞克湖，面积6236平方公里，是中国原来的第一大高山湖。哈萨克斯坦的原首都阿拉木图和吉尔吉斯斯坦首都比什凯克都在这片地区内。

1865年，中亚浩罕汗国首领阿古柏侵入新疆，占领了很多地区，准备据为己有。俄国当即以此为借口，出兵占领了新疆伊犁地区，对外称代清朝暂时“管理”，实际上是要和阿古柏共同肢解新疆。清朝这次表现了极大的勇气，派出左宗棠大军前往新疆平定叛乱。经过数年战争，清军终于打垮了阿古柏侵略军，收复了除伊犁外新疆全部地区。清朝又派出代表和俄国商谈收回伊犁，经过艰苦谈判，签订了《伊犁条约》，沙俄总算放弃伊犁，但又从中国割去了阿尔泰山以西，额尔齐斯河上游 4 万多平方公里土地，其中包括了一个大淡水湖斋桑泊。

1898 年，俄国出兵强行占领了帕米尔高原上的萨雷阔勒岭以西 2 万多平方公里土地，从中国手中夺去了大部分帕米尔高原，造成了长达百年的帕米尔未定界问题。直到 2001 年，中国才同塔吉克斯坦签订了边界条约，收回了其中的近 2000 平方公里土地，其余的永远脱离了中国版图。

1911 年 10 月，武昌起义爆发。不久，各省响应，纷纷独立。沙俄趁机利用中国社会动荡之际，加紧策划分裂中国的活动。在沙俄策动下，外蒙古的杭达多尔济亲王等在与俄国人密谋后，外蒙活佛哲布尊丹巴在库伦宣布“独立”，成立“大蒙古国”。接着，俄军包围了清政府驻库伦的办事大臣衙门，解除了清军的武装，并将办事大臣三多及其随从人员押送出境。

当时，中华民国已经建立，袁世凯的北京政府在外蒙古问题上，面临着艰难的选择。找库伦当局谈判，遭到拒绝；武力镇压又遭沙俄政府的强烈干涉。与此同时，沙俄政府不顾中国政府的抗议，于 1912 年 11 月 3 日，同由它扶植起来的外蒙古当局订立了《俄蒙协约》，协约规定由俄国扶助外蒙古的“自治”及训练外蒙古军队；外蒙古不得允许中国军队入境，不准华人移植蒙地；外蒙古准许俄人享受该条约广泛的特权。内外交困的北京政府别无出路，只得与沙俄谈判寻求解决外蒙问题。

1913 年 11 月 5 日，沙俄当局迫使袁世凯的北洋政府签订了《中俄

声明》。声明虽然也承认外蒙古是中国的一部分，要求外蒙取消独立，但规定，中国不得在外蒙古派驻官员，不驻军，不移民，逼迫中国承认外蒙“自治权”，由俄国实际控制外蒙。

到了1919年时，外蒙古成立了共产党组织蒙古人民革命党，而这个革命党的主要领导人都是坚定的蒙古独立分子。虽然这时候俄国正处于内战时期，但它仍然没有停止干涉中国内政的脚步。当时，一些白俄匪军逃入外蒙古，到处烧杀抢掠。蒙古人民革命党乘机成立了人民临时政府，然后在前苏联人的密谋下，邀请前苏联红军进入外蒙古驱逐白俄匪军。就这样，前苏联军队浩浩荡荡地进入了外蒙古，但他们打败了白俄军队之后并没有回去，而是南下将中国北洋政府军全部驱逐出境。

可以说这时的中国到了极其危险的时刻，国际地位则一落千丈，财富大量流出，国势颓微，中国完全沦为半封建半殖民地的国家。纵观近代史，俄国通过一系列的不平等条约侵占了中国100多万平方公里的领土，是列强中侵占中国领土最多的帝国。如果再加上前苏联怂恿下的蒙古脱离中国中央政府的控制独立的国土，那中国就有300多万平方公里的领土丢失了。

到了第二次世界大战的末期，雅尔塔会议上，在商讨对日作战问题时，为了让外蒙古真正独立，斯大林提出前苏联对日作战的条件之一是“外蒙古的现状须予维持”。残酷的现实，让当时的国民政府没有半点回旋的余地。当美国驻华大使赫尔利奉命把雅尔塔协定的内容正式通知了蒋介石之后，虽然蒋介石感到愤怒，却又无可奈何，只好和前苏联进行谈判。而斯大林更是摆开刽子手的架势，以威胁的口吻说，外蒙古必须独立。外蒙古人民“既不愿加入中国，也不愿加入前苏联，只好让它独立”，如果中国不同意，前苏联就不会出兵打日本。虽然国民政府据理力争，但毫无结果，前苏联人一概拒绝讨论。就这样，在前苏联人的威胁下，外蒙古从此脱离中国，走向了“独立”。

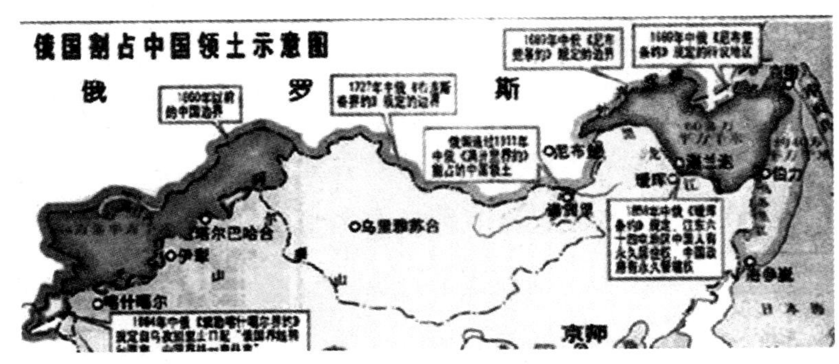

（永远也收不回来的中国国土）

俄国人的侵略行径归为以下几类：

其一，武装侵略。1865 年，中亚浩罕汗国的大将阿古柏率领军队侵略新疆，占领了很多地区。这个时候的俄国以人道主义救援为借口，出兵占领了新疆的伊犁地区，可谓“路见不平，拔刀相助”。表面上俄国人是来帮助中国的，事实上，俄罗斯人出兵占领伊犁之后，立即拔起战刀砍向了中国人的头颅。俄国人的理由是这只是暂时“管理”而已，实际上它是要和阿古柏共同肢解新疆。

这次清王朝表现了极大的勇气，派出左宗棠大军前往新疆平定叛乱。结果，经过数年战争，清军终于打垮了阿古柏侵略军，收复了除伊犁外新疆全部地区。紧接着清政府和俄国人签订了《伊犁条约》，收回了伊犁，但俄国人的贪婪本性无法让他们空手而回，作为代价，它最终

还是从中国手里抢夺了阿尔泰山以西、额尔齐斯河上游4万多平方公里土地，后来，又从中国割去了新疆霍尔果斯河以西3万多平方公里土地。

30多年后的1898年，俄国人不甘寂寞，又乘清王朝内乱之际，出兵强行占领了帕米尔高原上的萨雷阔勒岭以西2万多平方公里土地，从中国手中夺去了大部分帕米尔高原，这也造成了长达百年的帕米尔未定界问题。

其二，趁火打劫。俄国人不光赤裸裸地武装侵略，而且假惺惺地以调和为名，趁火打劫。

1858年，第二次鸦片战争爆发，英法联军攻打到了清王朝的首都北京近郊，还放火烧毁了皇家园林圆明园。惊恐万分的清朝统治者慌忙逃到了外地。俄国人乘机介入，假惺惺地表示愿意帮助中国向英法调停，然后连威胁带欺骗，逼迫清政府签订了《瑷珲条约》。这个条约规定，除江东六十四屯外，割去了外兴安岭以南，黑龙江以北的60万平方公里土地，并将乌苏里江以东包括库页岛在内的40万平方公里土地划为两国共管。所谓的两国共管，其实只不过是俄国人的阴谋诡计，实际情况是，当时那里已经有了大量俄军，完全已经是俄国在管理了。

仅仅过了两年，1860年，俄国人再次老调重弹，采用欺骗手段，以退出向英法调停为名，威胁和逼迫清政府签订了《北京条约》，将乌苏里江以东所谓“共管”土地全部割让给俄国。

清王朝的软弱和无能，让所有中国人悲愤交加，但悲哀并不能让悲伤的中国避免被宰割和瓜分的命运。

其三，屠杀中国人。沙俄尚未踏上东北全境之前，首先向居住在被割占的中国领土的中国人大挥屠刀，展开入侵的前奏。这就是在海兰泡和江东六十四屯的惨绝人寰的大屠杀。

海兰泡又名黄河屯，位于结雅河和黑龙江交汇处，在《瑷珲条约》中被俄国占据，但根据条约，原来居住在这里的中国人仍然可以居住。为了全面控制住这个地区，1900 年，沙皇命令俄军迅速消灭所有在这里的中国人。俄国军警将数千中国人赶到江边集体屠杀。在这场惨绝人寰的大屠杀中，被杀的中国人在六七千人以上，幸免于难的人只有几十人。

而海兰泡屠杀并不是俄国人的唯一行动，另一场大屠杀也在海兰泡隔江相望的江东六十四屯同时进行了。江东六十四屯是在《瑷珲条约》中唯一幸存的土地，因曾有六十四个村屯，所以叫江东六十四屯。俄国军警接得“消灭我境内出现的中国人，不必请示”之命后，血洗了江东六十四屯。

事实上，俄国人的屠杀行为并不是某一个或两个事件，而是始终都伴随在侵略的过程中。而此时的清政府，早已摇摇欲坠、焦头烂额，除了软弱的抗议外，根本无力采取任何措施。

从 1858 年到 1946 年，前有沙俄，后有前苏联，通过武力侵略和外交欺骗，从中国手中直接割取了 170 万平方公里土地，加上其策动的外蒙古独立，共使近 330 万平方公里土地脱离了中国怀抱，占清朝全盛时领土总面积的四分之一。残酷的历史教训证明，一个民族如果没有尚武精神，无论他曾经怎样辉煌过，终于摆脱不了被强敌宰割的命运。

在俄国人血与火的侵伐战争中，唯一的一个亮点是俄国十月革命后，列宁政府还有着相当的国际主义，先后两次发表“对华宣言”，明

确宣布“以前俄国历届政府同中国订立的一切条约全部无效，放弃以前夺取中国的一切领土”。不过，由于当时腐朽的北洋政府当政，没有抓住这个稍纵即逝的机会。随着前苏联国内形势日趋好转，特别是列宁逝世之后，前苏联政府便自食其言，不再承诺以前的对华宣言。这个唯一的亮点并不能掩盖俄国人对中国土地的掠夺。

纵观中国一百多年的屈辱历史，无疑其中掺杂着太多的耻辱和悲情，人民被杀掠，领土被侵占，资源被掠夺，在物质的和精神的煎熬中，庞大而虚弱的中国进入了 20 世纪。其实，俄国人对中华领土的觊觎和侵占，黑瞎子岛只是其罪恶的很小部分，小到几乎不值得一提。

俄国人对领土的欲望，似乎要强于当时任何一个列强。俄国人如此对土地充满渴望，无疑要从这个国家的特殊性说起。因为俄国这个国家的成长，从原来处于东欧一隅的一个小国家，发展到现在世界上领土最大的国家，它是通过不断的向外扩张来实现的。这种历史传统对于这样一个民族来讲，其对于领土的敏感和担忧是非常巨大的。

在一百多年的反抗侵略的斗争中，日本人的烧杀掳掠给所有中国人留下了深深的伤口，因此在大部分中国人的眼中，日本才是中国最大的敌人。中国和日本，地理上如此之近，历史渊源联系如此之紧密，却忽冷忽热。是历史的缘故造就了中日两国的今天，同样，也是历史的缘故，让中国人记住了日本人的侵略之伤，却几乎遗忘了近两百年来大片国土的丧失之殇。

沙俄对中国国土的践踏和侵略，成为华夏儿女永远也抹不去的伤痛，也是一笔永远也追不回来的债。面对这段中国历史上最为黑暗的历史，或喜或悲，判若云泥，独特的遭遇不仅让中国永远失去了受人尊敬的东方强国地位，也险些失去了整个国家，因为失去的永远无法再挽回，所以这是一段中国人不愿意记起的伤痛史，也是中华民族最沉痛最耻辱的回忆。国土的哭泣，民族的哭泣，一直警醒全体华夏子孙，寸土不能再失，中国必须富强。